젖과 꿀이 흐르는 땅

The Land Flowing with Milk and Honey

젖과 꿀이 흐르는 땅

젖과 꿀이 흐르는 땅

The Land Flowing with Milk and Honey

| 이재록 목사 |

우림

발

간

사

사마천의 '사기'나 리비우스의 '로마사', '조선왕조 500년' 등 한 민족의 역사를 사실적으로 기록한 역사서나 실록은 후대 사람들에게 훌륭한 인생의 지침서가 되곤 합니다.

비록 역사소설이지만 광활한 중국을 배경으로 펼쳐지는 '삼국지연의'도 오랜 고전으로 많은 사람들의 사랑을 받고 있습니다. 중원의 패권을 장악하기 위한 각축전으로 많은 나라가 스러지고 일어나는 과정은 손에 땀을 쥐게 할 만큼 흥미진진하지요. 저도 삼국지를 읽으며 전쟁과 협력, 다양한 사람들의 지략과 마음 됨됨이 등 많은 것에 대해 깨우쳤습니다.

그런데 현존하는 최고의 역사서이자 오늘을 살아가는 우리들에게 삶의 지침서가 되는 말씀이 바로 성경입니다. 성경 안에는 천지 창조를 시작으로 인류 역사의 과거와 현재, 그리고 미래와 종말에 이르기까지 모든 과정이 총망라되어 있습니다.

하나님께서는 일찍이 이스라엘 민족을 택하여 인간 경작의 섭리를 이루기 위한 모델로 삼으시고 아름다운 천국으로 이끄시기 위하여 끊임없는 사랑을 베풀고 계십니다. 특별히 출애굽기를 시작으로 레위기, 민수기, 신명기, 여호수아서에 구체적으로 기록된 이스라엘의 가나안 정복사는 하나님의 끝없는 사랑의 기다림이자 거룩하고 성결하기를 원하시는 하나님의 간절한 마음이 담겨 있습니다.

출애굽의 지도자 모세와 그의 후계자 여호수아는 전지전능하신 하나님을 분명히 믿기에 오직 하나님의 뜻대로 행하여 놀라운 기사와 표적을 나타내며 승리의 삶으로 하나님께 영광을 돌렸습니다. 반면에 애굽의 바로 왕과 그의 신하들은 창조주 하나님을 받아들이지 아니하며 거역하였기에 결국 재앙과 저주를 받았던 것을 볼 수 있습니다.

그러므로 하나님께서는 인류의 생사화복은 물론, 제국의 흥망성쇠까지도 주관하시며 모든 역사의 주인이 되시는 분이 아닐 수 없습니다.

　그러면 가나안 땅을 일컬어 '젖과 꿀이 흐르는 땅'이라고 부르는 이유는 무엇일까요? 창세기 10장 19절에 "가나안의 지경은 시돈에서부터 그랄을 지나 가사까지와 소돔과 고모라와 아드마와 스보임을 지나 라사까지였더라" 말씀하신 대로 가나안 땅은 요단 강 서쪽의 모든 지역을 가리키고 있습니다.

　오늘날 팔레스타인 지역으로 불리우는 가나안 땅은 애굽의 광야와는 달리 물이 풍부하고 토지가 비옥하여 양 떼가 젖을 내고 꽃이 피므로 꿀을 얻을 수 있습니다. 광야와 같이 척박한 곳도 있지만 여러 곳에 평원이 있고 기후가 온화하여 감람, 포도, 석류, 무화과, 양맥 등이 풍부하며 가축과 해산물이 많이 나기 때문입니다.

　또한 가나안 땅은 하나님께서 선택하신 약속의 땅이요(신 11:9), 영적으로는 우리가 소망하는 천국을 의미하고 있습니다. 이스라엘 백성들이 하나님의 약속을 의지하여 젖과 꿀이 흐르는 땅을 정복한 것처럼 가나안 땅에 들어가는 과정은 마치 신앙생활을 위한 영적인 전쟁과 같습니다.

　그래서 출애굽을 시작으로 40년의 광야생활과 요단 강을 건너 여리고성을 점령하고 가나안 땅을 정복해 나가는 모든 과정을 하나하나 되짚어 보노라면 우리가 구원받아 아름다운 천국에 이르는 인생 여정이 그대로 녹아 있는 것을 발견하게 됩니다.

이스라엘 백성들을 출애굽시켜 젖과 꿀이 흐르는 가나안 땅으로 인도하신 하나님께서는 모든 사람들이 참믿음을 소유하여 아름다운 천국에서 영원한 안식을 누릴 수 있기를 원하십니다. 더 나아가 하나님께서 기뻐하시는 믿음을 소유하여 무엇이든지 구하는 대로 응답을 받으며 하나님의 권능으로 능치 못할 일이 없기를 원하신다는 사실입니다.

이러한 하나님의 마음을 알아 본교회에서는 매년 5월이 되면 2주연속 특별 부흥성회를 개최하여 살아 계신 하나님을 만나고 체험하면서 영적인 성장을 이루어 왔습니다. 수많은 사람들이 하나님의 기사와 표적을 보고 참믿음을 소유하게 되었으며, 자신의 죄악을 발견하여 믿음으로 순종하는 만큼 하나님의 응답과 축복을 받아 누렸던 것입니다.

금번에 발간된 〈젖과 꿀이 흐르는 땅〉 책자는 하나님의 약속을 믿고 오직 믿음으로 행군한 모세와 여호수아의 행적을 중심으로 편집하였습니다. 그러므로 2주연속 특별 부흥성회와 같은 감동 속에 응답과 축복의 비결은 물론, 우리가 일상생활에서 간과하기 쉬운 미세한 일들의 중요성을 마음 깊이 깨우치게 될 것입니다.

　모쪼록 성경에 기록된 하나님의 모든 약속을 믿고 젖과 꿀이 흐르는 가나안 땅을 정복할 뿐아니라 가장 아름다운 천국 새예루살렘을 침노하는 영적 장수가 되시기를 주님의 이름으로 축원합니다.

　마지막으로, 책자 발간을 위해 수고해 주신 빈금선 편집국장과 직원들, 여러 모로 도움을 주신 이중원 목사와 기도해 주신 모든 분들께 깊은 감사를 드립니다.

2007년 5월, 이재록 목사

1

너로 내 백성을
인도하여 내게 하리라

| 모세를 부르시다 |

하나님이 떨기나무 가운데서
그를 불러 가라사대 모세야 모세야 하시매
그가 가로되 내가 여기 있나이다
…
모세가 하나님 뵈옵기를 두려워하여 얼굴을 가리우매
(출 3:4-6)

여호와께서 가라사대

내가 애굽에 있는 내 백성의 고통을 정녕히 보고

그들이 그 간역자로 인하여 부르짖음을 듣고

…

그들을 그 땅에서 인도하여

아름답고 광대한 땅, 젖과 꿀이 흐르는 땅

…

너로 내 백성 이스라엘 자손을

애굽에서 인도하여 내게 하리라

(출애굽기 3:7-10)

오늘날은 많은 사람들이 지식과 정보의 홍수 속에 살아갑니다. 이러한 지식과 정보가 한 차원 높게 발달할 수 있었던 것은 컴퓨터의 개발과 보급이 주된 요인이라 할 수 있습니다. 컴퓨터는 그 안에 어떤 프로그램을 설치하느냐에 따라 그대로 실행됩니다.

이와 마찬가지로 하나님께서도 만세 전에 계획하신 '인간 경작'의 섭리를 프로그램화 시켜 놓으셨기에 지금까지 한 치의 오차도 없이 그대로 진행되고 있습니다. 이러한 하나님의 섭리를 이루기 위해 선택받은 민족이 바로 '이스라엘'입니다.

이스라엘 민족의 태동

하나님께서는 사랑을 주고받을 수 있는 참된 자녀를 얻기 위하여 '인간 경작'의 섭리를 계획하시고 천지 만물을 창조하셨습니다. 첫사람 아담을 지으시고 친히 동행해 주시며 하나님의 자녀로서 만물을 지배하고 다스리는 권세를 주셨지요.

하나님의 참된 사랑을 알지 못했던 아담과 하와는 에덴 동산에서 살며 무수한 세월이 흐르게 되자 그만 하나님의 말씀을 명심하지 못하고 뱀의 유혹을 받아 선악과를 따먹게 되었습니다. 그 결과 불순종의 죄로 인해 에덴 동산에서 쫓겨나 땀 흘려 수고하며 살아가게 된 것입니다.

범죄한 아담이 이 땅에서 살게 되면서 아담의 아들 가인이 동생 아벨을 돌로 쳐 죽이는 사건이 벌어질 만큼 사람들의 죄악은 날이 갈수록 더해만 갔습니다.

노아시대에 이르러서는 온 세상이 죄악으로 관영하여 하나님께서 사람을 창조하신 것을 후회하실 정도였지요. 결국 세상을 심판하기로 작정하신 하나님께서는 당대의 의인인 노아를 통해 방주를 예비하신 후 사람들에게 심판이 있을 것을 전하게 하셨습니다.

그럼에도 불구하고 사람들은 노아의 말을 듣지 않았고, 노아와 그의 가족들을 제외한 모든 사람들이 물로써 심판을 받고 말았습니다. 놀랍게도 중국과 아시아 일대에 널리 쓰이는 한자에는 이러한 역사적인 흔적이 남아 있습니다. 일례로, 배 선(船)이라는 문자는 배 주(舟)에 여덟 팔(八) 입 구(口)가 합쳐져 이루어졌다고 합니다.

방주에 노아의 여덟 식구가 들어간 것을 의미하는 것이지요. 또 산에서 조개껍질이 발견되는 것도 홍수 심판의 흔적입니다. 홍수 후 하나님께서는 노아의 세 아들을 통하여 새로운 민족과 국가를 형성하게 하셨습니다.

비록 범죄한 아담으로 인해 모든 인류가 사망에 이르는 비극이 시작되었지만 여기에는 참자녀를 얻기 위한 '인간 경작'의 섭리가 숨겨져 있었습니다. 하나님께서는 이 섭리를 이루시기 위해 마침내 의인 한 사람을 택하십니다. 그가 바로 믿음의 조상 아브라함이지요.

지금으로부터 4천여 년 전, 순종의 사람 아브라함을 믿음의 조상으로 세우시고, 그의 후손으로 창대하게 하리라는 언약의 말씀을 주셨습니다. 갈대아 우르(고대 메소포타미아 남부에 있던 주요 도시)에서 그를 부르신 하나님께서는 가나안 땅을 기업으로 주셨지요.

또한 창세기 15장 5절을 보면 "하늘을 우러러 뭇별을 셀 수 있나 보라 또 그에게 이르시되 네 자손이 이와 같으리라" 말씀하시며, 아브라함의 후손이 이후에 어떻게 될 것도 알려 주셨습니다.

즉 애굽에서 400년간 노예생활을 한 후 가나안 땅으로 돌아오게 될 것을 이미 말씀하셨던 것입니다.

"여호와께서 아브람에게 이르시되 너는 정녕히 알라 네 자손이 이방에서 객이 되어 그들을 섬기겠고 그들은 사백 년 동안 네 자손을 괴롭게 하리니 그 섬기는 나라를 내가 징치할지며 그 후에 네 자손이 큰 재물을 이끌고 나오리라 너는 장수하다가 평안히 조상에게로 돌아가 장사될 것이요 네 자손은 사 대 만에 이 땅으로 돌아오리니"(창 15:13-16)

민음의 조상 아브라함은 백 세에 독자 이삭을 낳고 이삭은 에서와 야곱을 낳았습니다. 에서는 장자로서 하나님의 축복을 받을 권한이 있었지만, 배가 너무 고픈 나머지 동생 야곱의 팥죽 한 그릇에 장자권을 팔아버리고 말았지요(창 25:30-34).

장자권을 팔았다는 것은 단순한 일이 아닙니다. 장자에게 주어지는 축복을 경홀히 여기고 모든 것의 주관자가 되시는 하나님을 믿지 못하는 증거입니다. 영적인 축복을 사모하지 않고 장자권을 소홀히 여긴 에서와 같이 망령된 자가 되지 않도록 하나님께서는 우리에게 경계의 말씀을 주십니다.

"음행하는 자와 혹 한 그릇 식물을 위하여 장자의 명분을 판 에서와 같이 망령된 자가 있을까 두려워하라"(히 12:16)

반면에 동생 야곱은 영적인 축복을 사모하여 그 축복을 얻기까지 침노하는 사람이었습니다. 비록 간교하여 아버지 이삭을 속이고 장자의 축복을 가로채기까지 했지만 영적인 축복을 사모하는 야곱의 모습이 하나님 보시기에 더 합한 중심이었습니다.

그래서 야곱의 후손들을 통해 장차 하나님의 섭리를 이루기로 작정하시고 긴 세월 동안 연단하셨던 것입니다.

이제 분노한 형을 피하여 20년 동안 타향살이를 해야 했던 야곱은 자신의 힘과 계획으로는 아무것도 할 수 없음을 깨닫게 되었습니다.

철저히 자기 의가 깨어지고 하나님께서 원하시는 사람으로 변화된 야곱은 결국 '이스라엘'이라는 새 이름을 받게 되었고, 그의 후손들이 바로 오늘날 하나님의 백성 이스라엘 민족이 된 것입니다.

"네 이름이 야곱이다마는 네 이름을 다시는 야곱이라 부르지 않겠고 이스라엘이 네 이름이 되리라 … 나는 전능한 하나님이니라 생육하며 번성하라 국민과 많은 국민이 네게서 나고 왕들이 네 허리에서 나오리라 내가 아브라함과 이삭에게 준 땅을 네게 주고 내가 네 후손에게도 그 땅을 주리라"(창 35:10-12)

이스라엘 백성들이 애굽 땅에 거하게 된 배경

그러면 하나님께서는 왜 아브라함에게 그의 후손인 이스라엘 민족이 400년 동안이나 노예생활을 하게 될 것을 말씀하시고 그대로 이루신 것일까요?

한 가지 예를 들어 보겠습니다. 어떤 아이가 하나님께 대통령이 되게 해 달라고 기도를 합니다. 이때 하나님께서는 그 기도에 응답하시기 위해 당장 아이를 대통령에 당선되게 하시는 것이 아닙니다.

모든 것을 순리와 질서 가운데 이루기 원하시는 하나님께서는 아이가 먼저 대통령이 될 만한 자질을 갖출 수 있도록 인도해 가실 것입니다. 교과과정을 마치고 정치 수업을 익히는 등 여러 과정을 통해 가장 빠른 길로 인도해 가시겠지요.

마찬가지로 당시 아브라함에게 축복의 언약을 주셨다 해도 그의 후손인 야곱의 일족이 당장 한 나라를 세울 만큼 큰 민족을 이룬 것이 아니었습니다. 애굽에 들어갈 당시에도 그 일족의 수가 70명에 불과했습니다. 이처럼 미약한 야곱의 일족으로 하여금 큰 민족을 이루어 나라를 세우기 위해서 하나님께서는 측량할 수 없는 지혜를 발휘하십니다.

이스라엘 족속이 큰 민족을 이루기 위해서는 힘이 있어야 했습니다. 수많은 부족 국가들과 소수 민족들로 둘러싸인 채 세력이 커진다면 침략의 위험이 도사리게 되므로 하나님께서는 이스라엘을 보호하시기 위해 애굽을 택하셨던 것입니다.

애굽 곧 이집트는 BC 3000년경부터 왕조시대를 열어 나일 강을 거점으로 화려한 문명을 꽃피우고 있었습니다. 세계 4대 문명 중 가장 오래된 메소포타미아와 이집트 문명을 토대로 가장 유구한 역사를 가진 나라였지요.

하나님께서는 야곱의 열한 번째 아들인 요셉을 당시 강대국 애굽에 들어가게 하신 후 근동지방을 휩쓴 7년이라는 가뭄에서 구원하게 하셨습니다. 이러한 하나님의 섭리를 이루는 도구로 요셉이 쓰임받게 된 이유는 하나님께서 보실 때 그 중심이 가장 합당했기 때문입니다. 그에게는 선한 중심과 뛰어난 지혜가 있었기에 애굽이라는 한 나라를 구원하는 막중한 사명을 감당할 수 있었던 것입니다.

　요셉은 야곱이 사랑한 라헬의 소생이었기에 아버지 야곱의 각별한 사랑을 받았습니다. 이로 인해 이복 형들의 미움을 받았는데, 자신이 꾼 꿈을 형들 앞에 자랑한 것이 화근이 되어 그만 애굽의 시위대장(고위 관직) 보디발의 종으로 팔려가게 되었지요. 하루아침에 아버지의 품을 떠나 타국의 종이 되고 만 것입니다.

　그러나 요셉은 하나님을 신뢰했기에 방탕해지거나 삶을 포기한 것이 아니라, 주어진 환경 속에서 최선을 다하는 삶을 살았습니다.

　주인의 소유를 마치 자신의 것처럼 정성껏 관리했고, 늘 주인의 마음으로 신중하며 성실하게 행했지요. 또한 자신을 팔아넘긴 이복 형들을 선으로 대할 수 있는 중심이었기에(창 45:3-8) 요셉이 보디발의 집 소유물을 관리하게 된 때부터 하나님께서 모든 소유에 복을 주셨던 것입니다.

　이는 오늘날 우리에게도 동일하게 적용됩니다. 아무리 어려운 문제나 상황이 가로막고 있을지라도 하나님을 사랑하고 말씀대로 살아가는 사람에게는 하나님의 사랑과 은총이 임하여 맡은 분야에서 인정을 받으며 축복이 임하는 것이지요.

　따라서 우리가 얼마큼 하나님을 경외하고 범사에 성실하게 행하는가, 하나님의 말씀에 순종하고 정도를 걷고 있는가 하는 것이 가장 중요한 문제인 것입니다.

　이러한 요셉에게 큰 시험이 다가옵니다. 주인의 신임이 두터워져 집 안의 모든 소유를 관장해 나갈 무렵, 주인의 아내가 젊고 준수한 요셉에게 은밀한 유혹을 보내기 시작했던 것입니다.

하나님 앞에 죄를 범하지 않음은 물론 자신을 믿고 신임해 준 주인에 대한 신의를 지키기 위해 요셉은 계속되는 유혹을 단호히 뿌리쳤습니다. 결국 앙심을 품은 여주인은 그가 자신을 희롱했다고 모함하였고, 요셉은 정치범들을 수용하는 깊은 감옥에 갇히고 말았습니다.

그러면 요셉은 하나님의 섭리를 이루기 위해 택하신 사람인데 왜 타국의 종으로 팔리기도 하고 억울한 누명을 쓰고 감옥에 갇히는 등 어려운 일들을 겪어야 했을까요?

요셉이 서른 살의 젊은 나이에 애굽의 왕 다음 가는 치리자로서 자질을 겸비하기 위해서는 배워야 할 것들이 많았습니다. 시위대장 보디발의 집에 총무로 있으면서 경제를 배웠고, 정치범들이 있는 감옥에서는 나라의 대소사를 들으며 정치를 배우고 지식과 지혜를 습득해 갔던 것이지요. 또한 많은 사람들을 겪으면서 사람을 다스리는 법과 거짓과 배신, 간사한 사람의 마음에 대해서도 깨우치게 되었던 것입니다.

이는 훗날 요셉이 한 나라를 치리하고 사랑과 덕으로 백성들을 포용할 수 있도록 섭리하신 하나님의 프로그램의 한 과정이었습니다. 그래서 요셉이 감옥에 갇힌 후에도 "여호와께서 요셉과 함께하심이라 여호와께서 그의 범사에 형통케 하셨더라"(창 39:23) 말씀하신 것입니다.

마침내 하나님께서는 요셉을 통해 애굽을 큰 재앙에서 구원하도록 역사해 나가십니다. 애굽 왕 바로의 술 맡은 관원장과 떡 굽는 관원장이 죄인이 되어 요셉이 있던 감옥에 갇히게 된 것입니다.

그러던 어느 날, 두 사람이 각각 꿈을 꾸었는데 요셉이 해석해 준 대로 한 사람은 죽임을 당하고 한 사람은 복직하게 됩니다. 그로부터 2년이 지나 애굽의 왕 바로가 기이한 꿈을 꾸게 되었습니다. 이때 지난날 요셉의 해몽대로 복직되었던 술 맡은 관원장은 요셉을 떠올렸고 그의 천거로 왕 앞에 나간 요셉은 아무도 풀지 못한 왕의 꿈을 시원스럽게 해석해 줍니다.

애굽 왕의 꿈은 장차 애굽에 있을 7년간의 풍년과 7년간의 흉년을 암시하는 몽조였지요. 요셉은 아무도 풀지 못하였던 꿈에 대해 명쾌한 해석뿐만 아니라 그 대비책까지 알려 줌으로 7년이라는 극심한 흉년을 대비할 수 있게 된 것입니다.

관개시설이 발달하지 않아 오직 자연적인 기후 변화에 의지해 살아가야 했던 고대 사회에서 7년간의 기근은 죽음을 의미합니다. 한 나라의 존망까지도 좌우할 수 있는 큰 재앙을 미리 알려 준 것은 물론, 대비책까지 제시하였으니 왕의 입장에서는 얼마나 감사했겠습니까.

"하나님의 신이 감동한 사람을 우리가 어찌 얻을 수 있으리요 … 너는 내 집을 치리하라 내 백성이 다 네 명을 복종하리니 나는 너보다 높음이 보좌뿐이니라 바로가 또 요셉에게 이르되 내가 너로 애굽 온 땅을 총리하게 하노라" (창 41:38-41)

요셉에게 크게 은혜를 입은 애굽의 왕은 근동지방에 든 가뭄으로 어려움을 당하는 요셉의 일족, 곧 이스라엘 족속을 애굽으로 기꺼이 맞아들였습니다. 이로써 이스라엘 족속들은 7년간의 기근 중에도 애굽의 식량을 먹으며 평안히 거할 수 있었고, 그 뒤로도 계속 애굽 땅에 거주하며 번성하게 된 것입니다.

출애굽의 지도자 모세의 출생과 연단

세월이 흘러 요셉이 죽고 그에게 은혜를 입었던 왕도 죽으니 요셉의 은혜를 기억하지 못하는 새 왕이 애굽을 다스리게 되었습니다. 그런데 이방 족속인 이스라엘 민족이 계속 번성하여 큰 무리를 이루게 되니 위협을 느낀 왕은 이들을 견제하기 시작합니다.

이스라엘 민족이 번성하는 것을 막기 위한 방편으로 새로 태어나는 남자아이를 모두 죽이도록 하는 한편, 노예를 삼아 힘든 고역을 시키며 학대해 나갑니다. 부계사회에서 남자아이를 죽이면 자연히 후손이 끊어질 수밖에 없으니 이스라엘 민족을 멸족시키려는 속셈이지요.

하나님께서는 이스라엘 백성들로 하여금 큰 민족과 나라를 이루게 하리라고 약속하셨는데 오히려 이들은 멸족의 위기에 직면한 것입니다. 이 암울한 시대에 태어난 사람이 바로 모세입니다.

모세는 태어나는 순간 왕명에 따라 죽어야 하는 운명이었지만 모세의 부모는 아이의 준수함을 보고 차마 죽이지 못한 채 석 달을 숨겨 키웁니다. 그러나 아이가 자라면서 도저히 숨길 수 없게 되자, 갈대 상자 속에 아이를 넣고 하숫가(나일 강가)에 띄웠습니다.

때마침 목욕하러 하숫가에 나왔던 애굽 공주가 상자를 발견하여 모세는 공주의 아들로 애굽의 궁전에서 성장하게 되었습니다. 더욱 놀라운 것은 모세의 친어머니 요게벳이 유모가 되어 어려서부터 자신의 민족과 하나님께 대한 신앙을 심어 줄 수 있었으니 이 모든 과정은 하나님의 섭리 가운데 이루어진 일들이지요.

장차 하나님의 섭리를 이루게 될 모세를 죽음에서 건져내시고 바로의 궁전에서 최고의 교육을 받는 동시에 친어머니로부터 자기 민족과 하나님에 대한 교육을 받을 수 있게 역사하신 것입니다(행 7:22).

모세는 강대국 애굽의 왕자로 있으면서도 화려한 궁중생활에 안주하지 않고 고난받는 자신의 동족으로 인해 늘 번민하게 되었습니다. 그러던 중, 마침내 일생일대의 사건을 겪게 됩니다. 애굽 사람이 이스라엘 사람을 치는 것을 보고 의분을 참지 못하여 그만 애굽 사람을 죽이고 말았던 것입니다.

이 일이 탄로나자, 모세는 미디안 광야로 도망하는 신세가 되었습니다. 그동안 강대국의 왕자로서 누리던 모든 영화와 호화로운 궁중생활은 사라지고 대신 거칠고 험난한 광야 생활이 그에게 펼쳐집니다. 자신의 앞날에 대한 계획이나 자기 민족에 대해 가지고 있던 소망도 물거품처럼 사라지고 말았지요.

처음에는 너무도 비참하고 내일을 알 수 없는 불안감으로 자신이 처한 상황에 낙담했을 것입니다. 그러나 하루가 지나고 이틀이 지나면서 왕자로서의 자존심이나 자신감도 사라져 갑니다. 미디안 제사장 이드로의 집에 유숙하며 그의 사위가 되어 평범한 양치기로서의 생활에 적응하게 되었지요.

목동으로서 양치는 법을 배우며 철저히 낮아지고 섬길 수밖에 없었습니다. 어떻게 보면 이제 모세는 하나님의 역사를 이루는 데 있어서 너무나 쓸모없는 사람이 된 것입니다. 그나마 왕자로 있을 때는 자신감도 있고 권세가 있으므로 이스라엘 백성들을 위해 무엇인가 큰 일을 이루어 줄 수도 있었습니다.

그러나 이제는 생명조차 위협받는 도망자요, 하나님을 위해 할 수 있는 것이 아무것도 없는 보잘것없는 신세일 뿐이지요. 이처럼 모세는 연단의 과정을 통해 자신의 의가 철저히 깨어져 나가면서 하나님께서 쓰시는 그릇으로 변화되어 갔던 것입니다.

하나님이 쓰시는 사람

하나님께서 쓰실 수 있는 사람은 자기의 지혜와 능력을 의존하는 사람이 아닙니다. 전지전능하신 하나님을 의지함으로 철저히 자신의 생각을 깨뜨리고 자기를 부인하여 온전히 순종할 수 있는 사람입니다. 사람의 능력과 생각으로는 원수 마귀를 이기고 하나님의 섭리를 이룰 수 없기 때문입니다.

로마서 8장 7-8절을 보면 "육신의 생각은 하나님과 원수가 되나니 이는 하나님의 법에 굴복지 아니할 뿐 아니라 할 수도 없음이라 육신에 있는 자들은 하나님을 기쁘시게 할 수 없느니라" 말씀하신 대로 우리에게 영의 생각이 아닌 육신의 생각이 있으면 하나님의 말씀에 순종할 수 없다는 사실입니다.

사울 왕이 아말렉을 칠 때 하나님께서 모두 진멸하라고 말씀하셨지만, 아말렉 왕을 사로잡고 소와 양을 가져왔습니다. 자신의 생각에는 그것이 더 좋아 보였기에 하나님의 말씀에 불순종하고 말았던 것입니다. 아무리 사람 편에서 좋은 생각이라 할지라도 하나님의 말씀에 위배되면 그것은 이미 좋은 생각이 아닙니다.

설령 내가 하나님 앞에 제사 드리기 위해 좋은 것을 가지고 왔다 할지라도 하나님의 말씀에 어긋난 것이면 하나님께서 기뻐 받으실 리 없습니다. 그래서 사무엘상 15장 22절에 '순종이 제사보다 낫다'고 말씀하시는 것입니다. 결국 사울 왕은 점점 불순종을 더해 감으로 교만해져서 하나님 앞에 버림받고 길보아 전투에서 비참한 최후를 맞이하고 말았습니다.

반면에 예수님의 제자 베드로는 예수님의 말씀에 순종함으로 놀라운 역사를 체험하게 됩니다. 어느 날, 베드로가 밤새 일했지만 고기를 잡지 못하자, 예수님께서 "깊은 데로 가서 그물을 내려 고기를 잡으라"고 말씀하셨습니다. 이때 베드로는 "선생이여 우리들이 밤이 다하도록 수고를 하였으되 얻은 것이 없지마는 말씀에 의지하여 내가 그물을 내리리이다" 하고 그대로 순종하니 그물이 찢어질 정도로 많은 고기를 잡게 되었지요.

만일 베드로가 "선생님, 고기 잡는 일은 제가 더 잘 압니다. 밤새 일해서 너무 피곤하고 이제 마무리하는 중인데 다시 깊은 데로 가서 그물을 던지는 것은 무리입니다." 하며 순종하지 않았다면 하나님의 역사는 결코 일어날 수 없었습니다.

또한 예수님께서 십자가의 사역을 앞두고 예루살렘으로 입성하시기 위해 두 제자에게 맞은 편 마을에서 매인 나귀와 나귀 새끼가 함께 있는 것을 보면 끌고 오라고 부탁합니다(마 21:2-3). 이때 제자들이 생각을 동원하지 않고 순종함으로 예수님의 말씀대로 이루어지는 것을 보았던 것입니다.

이처럼 하나님께서 쓰시는 사람은 얼마나 하나님의 말씀에 순종하여 끝까지 믿고 행하는가가 매우 중요합니다. 아브라함이나 야곱, 요셉 등 믿음의 선진들은 하나님의 말씀에 오직 아멘과 예로 순종하였기에 하나님께서 쓰셨던 것을 볼 수 있습니다.

하나님께서는 지금도 순종의 사람을 찾고 계십니다. 자신의 생각과 이론, 지식, 환경 등 모든 것을 깨뜨리고 하나님의 뜻에 순종하여 행할 수 있는 사람을 원하시는 것입니다. 모세도 하나님께 순종하여 그 섭리를 이루기 위해서는 광야에서 40년간 머물면서 철저히 깨어지는 시간이 필요했습니다. 그동안 모세는 자신의 지혜와 능력, 방법으로는 아무것도 할 수 없음을 철저히 깨달았습니다.

이러한 하나님의 섭리를 보면 날짜와 연도, 숫자도 영적인 의미에 맞게 그대로 돌아가는 것을 볼 수 있습니다. 모세가 40세에 애굽에서 도망쳐 광야에서 40년간 연단을 받는 것도 고난의 숫자 4와 연관되어 있음을 알 수 있습니다. 또한 이스라엘 백성들이 400년간 애굽에서 노예생활을 하는 것, 이후 모세가 십계명을 받기 위해 시내 산에 올라가 40일 동안 금식하는 것 등을 통해서도 알 수 있지요.

모세를 부르시다

모세가 40년간 광야에서 양 떼를 돌보면서 장차 200만 명이 넘는 백성들을 품을 수 있는 인내와 온유함을 배웠을 때 비로소 하나님께서는 모세 앞에 나타나셨습니다. 그가 광야에서 연단을 받을 때에도 애굽에서는 이스라엘 백성들에 대한 핍박과 강제 노역이 계속되고 있었습니다.

이러한 고난 가운데 백성들이 심히 탄식하며 하나님께 부르짖는 소리가 상달되므로 하나님께서는 이스라엘 백성들을 구원하기로 작정하시고 모세 앞에 나타나셨습니다.

하루는 호렙 산(시내 산)에 올라가 양 떼를 치던 모세의 눈에 활활 타오르는 떨기나무가 보였습니다. 불이 타는데도 나무는 여전히 그대로였지요. 도무지 믿을 수 없는 장면을 본 모세는 나무를 좀 더 가까이에서 보려고 다가섰습니다. 그때 하나님께서 모세를 부르십니다.

"여호와께서 그가 보려고 돌이켜 오는 것을 보신지라 하나님이 떨기나무 가운데서 그를 불러 가라사대 모세야 모세야 하시매"(출 3:4)

너무도 놀란 모세는 두려워하며 "내가 여기 있나이다" 대답합니다. 그러자 하나님께서는 "이리로 가까이하지 말라 너의 선 곳은 거룩한 땅이니 네 발에서 신을 벗으라" 말씀하십니다(출 3:2-5).

여기서 여호와의 사자가 떨기나무 불꽃 가운데 나타나셨다는 것은 하나님의 능력됨을 나타내 줍니다. 모세가 볼 때 분명 나무에 불이 붙었는데도 타지 않았습니다. 곧 하나님의 능력으로 영의 세계가 있음을 깨우쳐 주셨던 것이지요.

하나님께서는 모세를 부르시면서 신을 벗으라고 말씀하십니다. 이는 신체 중에서 가장 더러운 곳이 발이기 때문입니다. 원래 사람에게 가장 더러운 곳은 마음입니다. 사람이 살인하고 간음하며 도적질하는 것도 마음의 악함에서 비롯된 것이지요(마 15:18-20). 곧 하나님께서 '네 발에서 신을 벗으라' 하신 것은 영적으로 죄를 버리고 성결될 것을 의미합니다.

그러나 성령을 받지 못했던 구약시대에는 마음의 할례를 통해 죄를 버릴 수 없었기에 다만 겉으로 볼 때 가장 더러운 곳인 발을 상징적으로 말씀하신 것입니다.

이어 하나님께서는 모세에게 '이스라엘 자손을 애굽에서 인도하여 내라'고 말씀하십니다. 모세의 입장에서는 참으로 난감한 일이었습니다. 자신은 이제 아무런 힘도 없는 일개 양치기이고, 돌아간다 해도 애굽을 떠나온 지 40년이 지난 지금 자신을 지지해 줄 기반도 없습니다.

그러니 자신의 민족을 이끌어 낼 수 있을지 고민이 될 수밖에 없었습니다. 애굽 왕이 이스라엘 백성들을 내어줄 리도 없거니와 자신의 민족들도 믿고 따라와 줄지 장담할 수가 없는 상황이었지요.

"내가 누구관대 바로에게 가며 이스라엘 자손을 애굽에서 인도하여 내리이까"
(출 3:11)

이러한 모세의 마음을 아셨던 하나님께서도 그를 그냥 보내지 않으셨습니다. 이스라엘 백성들과 애굽 왕에게 말할 내용들을 세세하게 알려 주셨고, 왕이 순순히 보내지 않을 것과 여러 재앙을 내려 왕을 주관하실 것도 알려 주십니다. 심지어 출애굽할 때 빈손으로 나오지 않고 애굽 사람들의 은금 패물과 의복을 가지고 나올 것까지 알려 주셨습니다.

하나님께서는 믿을 수 있는 증거까지도 보여 주셨습니다. 곧 모세가 하나님의 명령에 따라 지팡이를 던지니 지팡이가 뱀이 되었고 다시 뱀의 꼬리를 잡으니 원래의 지팡이로 변했던 것입니다. 또 모세가 손을 품에 넣었다 꺼내니 순식간에 문둥병이 발하여 눈같이 하얗게 되었고 다시 품에 넣었다 꺼냈더니 금세 온전하게 돌아왔던 것이지요.

이러한 하나님의 말씀을 듣고 표적들을 본 모세는 하나님께서 명하신 대로 지팡이를 손에 잡고 애굽을 향해 떠납니다. 영적으로 지팡이는 믿음을 의미합니다. 다리 힘이 약한 사람들이 지팡이를 의지하여 걷는 것처럼 자신의 힘으로 할 수 없는 일이라도 전능하신 하나님께 대한 믿음을 가지면 능히 행할 수 있는 것이지요.

하나님의 부르심을 받은 모세는 자신의 부족함을 잘 알고 있었기에 두려움과 민망함이 있었지만 오직 믿음을 의지하여 생명을 건 모험의 길을 떠났습니다.

하나님의 사람을 분별하는 척도

모세가 하나님의 섭리를 이루기 위해 이스라엘 백성들에게 나아갔을 때 하나님께서는 말로만이 아니라 따르는 표적으로 하나님의 사람임을 증거해 주셨습니다.

그가 말하는 모든 것이 현실로 이뤄지고 사람으로서는 행할 수 없는 권능을 행하는 것을 볼 때 살아 계신 하나님이 함께하신다는 사실을 어느 누구도 부인할 수 없었습니다.

출애굽기 7장 1절에 "여호와께서 모세에게 이르시되 볼지어다 내가 너로 바로에게 신이 되게 하였은즉 네 형 아론은 네 대언자가 되리니"

말씀하신 것처럼 모세에게 나타나는 권능으로 인해 그는 애굽의 왕뿐 아니라 이스라엘 백성들 가운데 신과 같이 추앙받았지요. 하나님께서 모세를 신처럼 보이게 하니 왕이 두려워서 감히 모세를 죽일 수도 없었던 것입니다.

지금도 이스라엘 민족은 가장 위대한 예언자요 교사로 모세의 이름에 지극한 권위를 부여하며 존중한다고 합니다. 모세에게 나타난 권능을 통해 그가 어떠한 사람인지 알 수 있는 것처럼 하나님의 사람은 열매를 통해 알 수 있습니다.

신명기 18장 22절에 "만일 선지자가 있어서 여호와의 이름으로 말한 일에 증험도 없고 성취함도 없으면 이는 여호와의 말씀하신 것이 아니요 그 선지자가 방자히 한 말이니 너는 그를 두려워 말지니라" 말씀하신 대로 그 사람의 말에 대한 열매를 봄으로 과연 그가 하나님의 보장받는 사람인가 아닌가를 분별하라는 것이지요.

예를 들면, 하나님께서 함께하시는 사람은 영혼이 잘되어 누구든지 섬기고 사랑하며 온 집에 충성하는 선한 열매가 가득하므로 주변 사람들로부터 칭송을 받게 됩니다. 뿐만 아니라 모세나 사도 바울, 베드로와 같이 능력도 행하게 됩니다.

3,400여 년 전, 모세를 보내셔서 이스라엘 백성들을 애굽에서 구원하신 하나님께서는 그 후로도 시대마다 하나님의 백성들을 구원하기 위해 하나님의 사람들을 보내 오셨습니다.

영계가 혼탁하고 흑암이 짙은 이 시대에도 하나님께서는 온전히 순종하는 사람을 통해 하나님의 백성들을 인도하기를 원하십니다. 권능으로 하나님을 증거하며 무수한 영혼들을 애굽과 같은 세상에서 건져 내어 젖과 꿀이 흐르는 가나안 땅, 곧 천국으로 인도하기를 원하신다 는 사실입니다.

으로 하나님을 증거하며 무수한 영혼들을 애굽과 같은 세상에서 건져 내어 젖과 꿀이 흐르는 가나안 땅, 곧 천국으로 인도하기를 원하신다

내가 너로
신이 되게 하였은즉

2

| 열 재 앙 |

네가 만일 보내기를 거절하면 내가 개구리로 너의 온 지경을 칠지라
···
개구리가 네게와 네 백성에게와 네 모든 신하에게
오르리라 하셨다 하라
(출 8:2-4)

"게으름 부리지 말고 어서 일해!"

날카로운 채찍 소리가 날아드는 이스라엘 족속들의 고역 현장은 참으로 비참했습니다. 모세가 미디안 광야로 망명을 떠난 후 40여 년의 시간이 흘렀건만, 노예생활의 상황은 오히려 더 나빠져 있었지요.

힘든 고역 속에서 이스라엘 족속들은 그들의 조상으로부터 들었던 하나님을 찾았습니다.

"이스라엘 자손은 고역으로 인하여 탄식하며 부르짖으니 그 고역으로 인하여

부르짖는 소리가 하나님께 상달한지라" (출 2:23)

애굽 땅에서 보낸 400년이라는 시간은 기나긴 시간이었습니다. 이 방신들로 범람하는 타국에서 어느덧 조상들에게 들었던 하나님께 대한 믿음도 희미해져 갔습니다. 하나님께 대한 신실한 믿음이라기보다는 고통에서 놓임받기 원하는 간절한 소망이었던 것입니다. 마치 지푸라기라도 잡으려는 심정이었지요.

오직 믿음으로 왕 앞에 나아간 모세

당시 애굽에서는 이스라엘 사람들에게 바로 왕을 위해 국고성 비돔(Pithom)과 라암셋을 건축하고 흙 이기기와 벽돌 굽기와 농사일 등 여러 가지 힘든 노역들을 시키며 많은 유익을 보고 있었습니다.

한때 모세가 애굽의 왕자였다 해도 이제는 죄를 짓고 달아난 도망자요 한낱 양치기에 불과했기에 이스라엘 족속들을 해방시켜 달라고 요구한다고 해서 보내 줄 리 만무했습니다. 오히려 이런 상황에서 이스라엘 백성들을 해방시키라고 했다가는 미친 사람 취급을 당하거나 죽임당하기 십상입니다.

사람의 생각을 동원하면 도저히 불가능한 일이었습니다. 그러나 하나님께서는 모세와 함께하심으로 그의 말을 보장하시고 권능을 행하게 하실 것을 약속하셨습니다. 말주변이 없어 염려하는 모세에게 언변에 능숙한 그의 형 아론을 대언자로 세워 주시며, 아론에게는 모세가 하나님처럼 보이도록 주관하셨습니다.

모세가 애굽에 도착하기 전에 하나님께서는 이미 아론에게 나타나 호렙 산(시내 산)으로 가서 모세를 맞이하도록 알려 주셨습니다. 형 아론을 만난 모세는 하나님께서 명하신 모든 말씀과 이적들을 아론에게 전해 주었지요.

애굽에 도착한 모세는 아론과 함께 이스라엘의 모든 장로들을 모으고 "여러분, 하나님께서 여러분의 부르짖음을 들으시고 고난에서 건지시고자 저를 보내 주셨습니다!" 하며 말합니다.

그리고 그 증거로써 뱀이 된 지팡이와 문둥병이 발한 손 등 여러 가지 이적들을 보여 주자, 그들은 "여호와 그는 하나님이시로다!" 고백하며 머리를 숙여 경배하였습니다.

민족의 기대와 열망을 가지고 이제 모세와 아론은 담대히 왕 앞에 나아갑니다. 수많은 대신들과 왕 앞에서 이스라엘 백성들을 데리고 나가 광야에서 제사를 올리도록 하나님께서 명령하셨다고 전합니다. 그러나 일은 그들의 생각처럼 쉽게 이루어지지 않았습니다.

"여호와가 누구관대 내가 그 말을 듣고 이스라엘을 보내겠느냐 나는 여호와를 알지 못하니 이스라엘도 보내지 아니하리라"(출 5:2)

마음이 완악한 바로 왕은 하나님의 명령을 듣지 않습니다. 오히려 이스라엘 족속들이 여유로워 허튼 생각을 한다고 여겨 노동량을 늘리고 채찍을 휘두르며 더욱 엄하게 다스리도록 합니다. 결국 일은 더 고되어졌고, 할당량을 채우지 못하면 매를 맞는 등 학대가 더욱 심해지고 말았습니다.

이스라엘의 패장(현장 감독에 해당하는 사람)들은 "짚도 주지 않고 우리더러 벽돌을 만들라 하시니 어찌하여 종들에게 이같이 하시나이까?" 하며 바로의 혹독한 처사에 간곡히 호소해 보았지만 돌아오는 대답은 냉정했습니다.

당장이라도 바로가 자신들을 해방시킬 것이라 생각했는데, 오히려 심한 고난이 돌아왔던 것입니다. 이에 백성들은 모세와 아론을 원망하기에 이르렀습니다. 하나님의 뜻을 전하여도 더 이상 들으려 하지 않았지요.

그러나 신실하신 하나님께서 하신 약속은 반드시 이루어진다는 사실입니다. 한번 하시기로 작정한 일은 결코 변치 아니하시며 어느 누구도 막을 수 없는 것입니다.

이러한 모습을 통해 우리는 당시 이스라엘 백성들의 믿음이 어떠한지 알 수 있습니다. 애굽으로 이주하여 400년이 넘는 많은 세월이 흐르면서 이들은 하나님에 대해 아는 것이 거의 없었습니다.

그저 자신들의 조상 아브라함과 이삭과 야곱에게 나타나신 하나님이요, 자신들을 애굽에서 구원하여 가나안 땅으로 인도하실 분이라는 정도만 알았던 것입니다. 오늘날로 말하면 이제 겨우 교회에 첫걸음을 내디딘 초신자에 불과한 믿음이었습니다.

이런 믿음의 수준을 아시는 하나님께서는 백성들을 탓하지 않으시고 모세를 통해 하나님의 역사를 나타내기 시작하셨는데, 그것이 바로 애굽의 '열 재앙'입니다.

애굽에서 행한 모세의 권능 열 재앙

하나님께서는 다시 모세와 아론을 바로 앞에 보내십니다. 그리고 하나님의 말씀이 참임을 증거하기 위해 이적을 행하십니다.

호렙 산 떨기나무 불꽃 가운데 모세에게 행하신 대로 아론이 지팡이를 던지자 뱀이 되게 하셨던 것입니다. 그런데 모세와 아론이 만든 뱀보다는 약하였지만 바로의 궁정에 있던 술객들도 그들의 술법대로 뱀을 만드는 것을 본 바로는 모세의 말을 듣지 않았습니다.

고대 사회에서는 초자연적인 일을 숭배하는 요술사나 마술사가 있어 제사를 주관하기도 하였습니다. 마술을 뜻하는 매직(magic)의 어원도 고대 페르시아의 종교의식을 담당했던 사제집단을 의미하지요.

이들은 속임수나 최면술, 심지어 악한 영의 힘을 빌어 점을 치기도 하고 때로 재앙을 내리기도 했습니다. 바로 왕은 하나님께서 베푸신 이적을 한낱 술법으로 치부해 버렸던 것입니다.

하나님께서는 바로가 이스라엘 백성들을 애굽에서 내보낼 때까지 모세를 통해 애굽 전역에 열 가지 재앙을 차례로 나타내 주셨습니다. 이 재앙들은 처음에는 아주 작은 것으로부터 시작하여 결국 애굽 전역의 장자의 죽음에까지 이릅니다.

수천 년 전, 애굽에 임했던 재앙이 지금 이 시대를 살고 있는 우리와 어떠한 관련이 있기에 하나님께서는 성경에 이처럼 자세히 기록해 두신 것일까요?

이는 전지전능하신 하나님의 권능이 하나님의 사람 모세를 통해 애굽 전역에 나타난 것을 기억하기 위해서입니다. 그러나 이보다 더 큰 이유는 열 재앙 안에 담긴 영적인 의미 때문이지요.

하나님께서는 애굽에 내린 재앙을 통해 사람들이 재앙을 만나는 이유와 그 고난에서 벗어나는 길을 우리에게 제시해 주고자 하셨던 것입니다. 곧 열 재앙은 수천 년 전에 애굽 사람들이 당했던 재앙만을 말하는 것이 아니라, 오늘날 인류 가운데 나타나는 모든 고난을 총체적으로 나타내 줍니다.

요한계시록 11장 8절을 보면 "그 성은 영적으로 하면 소돔이라고도 하고 애굽이라고도 하니 곧 저희 주께서 십자가에 못박히신 곳이니라" 말씀하셨으니 애굽은 영적으로 볼 때 죄악으로 가득 찬 세상을 의미합니다.

따라서 바로가 하나님을 거역하여 재앙을 당하는 것처럼 죄 가운데 사는 사람들은 여러 가지 환난으로 고통받게 되는데, 이 모든 환난이 바로 열 재앙 안에 들어 있다는 사실입니다.

맨 처음은 피의 재앙입니다. 모세가 아론에게 명하여 지팡이로 하수를 치니 애굽 전역의 물이 피로 변했습니다. 당장 생활에 필요한 하수가 온통 피 빛으로 변하였으니 얼마나 끔찍했겠습니까? 비릿한 피냄새와 죽은 물고기들로 인해 악취가 나서 물을 마실 수 없게 되자, 애굽 사람들은 마실 물을 얻기 위해 급히 우물을 파야 했지요.

이러한 피의 재앙은 생활에 꼭 필요한 식수로 인해 고통받는 것이므로 영적으로 볼 때 가정이나 직장과 같이 우리 주변에서 시험이 오는 것을 말합니다.

애굽의 술사들도 물이 피로 변하게 하는 것을 본 왕은 마음이 강퍅해져 모세의 말을 듣지 않으므로 두 번째 재앙이 임하게 되었습니다.

모세의 말에 따라 하천에서 수많은 개구리 떼가 올라와서 온 나라 안에 들끓었던 것입니다. 이때 애굽의 술객들도 동일하게 행하였지요. 애굽의 거리는 물론, 집 안에 침대 속이나 부엌의 음식 그릇에까지 온통 개구리로 넘쳐났습니다.

몸집이 큰 황소개구리의 경우 울음소리도 요란할 뿐만 아니라 크기가 족히 20cm나 된다고 하는데, 그 당시에 황소개구리는 아니었다 해도 크고 징그러운 개구리가 이리저리 뛰어다닌다고 생각해 보십시오. 생각만 해도 몸서리쳐질 것입니다.

이러한 개구리는 구약에 나오는 가증스러운 동물에 속하는 것으로 영적으로는 사단을 의미합니다(계 16:13). 개구리가 궁과 침실, 침상위, 신하의 집, 백성에게 들어갔다는 것은 인류 전체를 지칭하며, 빈부귀천에 상관없이 어느 누구에게나 해당되는 말씀입니다. 그리고 화덕과 떡반죽 그릇에도 들어갔다 했는데 화덕은 일터와 사업터를 말하며, 떡반죽 그릇은 우리의 일용할 양식을 의미합니다.

따라서 개구리의 재앙이란 가정과 직장 등 전반에 사단의 역사가 나타나는 것으로 가정, 일터, 사업터와 양식에까지 사단이 역사하여 분란을 일으키니 참으로 견디기 힘든 일이지요.

비록 애굽의 술객들은 개구리가 올라오게는 하였지만 없앨 수는 없었습니다. 결국 개구리 떼로 시달리던 바로는 황급히 모세를 불러서 개구리 떼를 없애 주면 이스라엘 백성들을 보내주기로 약속합니다.

다음 날, 모세가 바로에게 약속한 대로 하나님께 구하자, 왕궁이나 집 안과 거리에 가득하였던 개구리가 모두 나와 죽었지요.

그런데 출애굽기 8장 15절을 보면 "바로가 숨을 통할 수 있음을 볼 때에 그 마음을 완강케 하여 그들을 듣지 아니하였으니 여호와의 말씀과 같더라" 하신 대로 아쉬울 때는 사정하다가 일단 위기를 모면하고 나자, 바로의 마음은 돌변하였습니다.

하나님께서는 이러한 바로의 마음을 이미 아셨기에 그가 하나님의 명령에 복종할 때까지 애굽 땅에는 재앙이 계속되었습니다. 그리하여 세 번째 이의 재앙이 임하게 됩니다.

모세가 아론에게 명하여 지팡이를 들어 땅의 티끌을 치게 하니 티끌이 변하여 이가 되었고, 수많은 이가 사람과 생축에게 기어올랐습니다. 생명도 없고 아무 쓸모 없는 티끌이 살아 움직이는 이가 되어 피를 빨아먹으며 가려움과 염증을 일으키는 것입니다.

따라서 이의 재앙은 영적으로 아무 일도 아닌 것처럼 잠재되어 있던 작은 일들이 갑자기 큰 일로 비화되어 많은 괴로움과 고통을 주는 것을 말합니다. 예를 들면, 형제나 부부간에 사소한 일이 발단이 되어 나중에는 큰 싸움이 벌어지는 경우이지요.

사람에게 더러움이 있을 때 이가 기생하는 것이니, 이가 사람에게 올랐다는 것은 악의 모양이 잠재되어 있는 사람에게 이의 재앙이 임한다는 뜻입니다.

이의 재앙부터는 애굽의 술사들이 따라해 보고자 했지만 할 수가 없었습니다. 물을 피로 변하게 하거나, 개구리를 하수에서 끌어내는 일들은 어느 정도 흉내낼 수 있었지만, 생명이 없는 땅의 티끌을 이로 변하게 하는 것은 할 수가 없었습니다.

시편 62편 11절에 "하나님이 한두 번 하신 말씀을 내가 들었나니 권능은 하나님께 속하였다 하셨도다" 하신 대로 아무리 의학과 과학이 발달해도 죽은 사람을 살린다든가, 무에서 유를 창조하는 창조의 영역은 아무나 할 수 있는 일이 아닙니다. 오직 전지전능하신 하나님만이 하실 수 있습니다.

이를 통해 애굽의 술사들은 "이는 하나님의 권능이니이다"(출 8:19)

고백했지만, 바로 왕은 여전히 자기의 고집을 굽히지 않았습니다. 하나님의 권능을 보고도 마음을 강퍅케 함으로 더 심한 파리의 재앙을 초래한 것입니다.

그런데 이의 재앙까지는 회개하고 돌이키면 즉시 벗어날 수 있지만, 파리의 재앙부터는 그만큼 하나님과의 사이에 죄의 담이 쌓인 경우이므로 철저한 통회자복이 필요합니다.

애굽 온 백성들의 집은 물론, 신하들의 집과 바로의 궁중까지 더러운 파리 떼로 뒤덮였지요. 온갖 병균을 옮기는 파리가 음식 주변을 맴돌아도 기분이 좋지 않은데 수많은 파리 떼가 몰려든다면 얼마나 불결하고 고통스럽겠습니까.

파리가 더러운 곳에서 생겨나 여기저기 다니면서 질병을 옮기는 것처럼 영적으로 파리의 재앙은 더러운 마음에서 나오는 악한 말들을 여기저기 옮김으로 인해 그것이 올무가 되어 자신이나 자녀, 남편, 아내, 일터 위에 질병이나 재앙이 오게 되는 것입니다.

"입에서 나오는 것들은 마음에서 나오나니 이것이야말로 사람을 더럽게 하느니라 마음에서 나오는 것은 악한 생각과 살인과 간음과 음란과 도적질과 거짓 증거와 훼방이니"(마 15:18-19)

바로는 다시 모세를 불러 파리 떼를 없애 주면 백성들을 보내리라 사정하였지만, 막상 파리 떼가 사라지자 이번에도 약속을 지키지 않았습니다.

결국 심한 악질의 재앙과 독종의 재앙이 임하여 사람들은 물론 온 애굽의 생축들까지 고통을 받기에 이릅니다. 파리의 재앙을 당하고서도 회개하지 않을 때 임하는 악질은 고치기 힘든 전염병으로 몸 안에 번지는 질병을 말합니다. 이 악질의 재앙으로 애굽의 모든 생축이 죽었으니 그 피해가 얼마나 컸겠습니까?

생축이란 사람이 기르는 짐승으로 말, 소, 양, 염소, 낙타 등을 가리키며 그 당시 왕이나 신하, 백성들의 소유물로서 농경사회에서 중요한 재산에 해당되는 것입니다. 오늘날로 말하면 집이나 일터, 사업터뿐 아니라 생축은 살아 있는 것이므로 자신을 비롯한 동거하고 있는 가족들이 해당됩니다.

그리고 생축에게 악질이 임한 것은 자신의 악으로 인해 자신뿐 아니라 가족에게 큰 병이 생기는 경우이지요. 이처럼 사람이 악에 악을 더해 가면 하나님께서 외면하시므로 원수 마귀 사단이 갖가지 재앙을 가져다줍니다.

악질보다 더 심한 것이 독종의 재앙으로서, 악질은 속으로 침투하는 내적인 병이지만, 독종은 겉으로까지 드러나는 병입니다. 악성 부스럼이 나서 가려움증과 진물과 고름이 흐르는 심한 피부병이나 내부에 생긴 병이 깊어져 외부로 드러나는 것이지요.

예를 들면, 암이 처음에는 몸속에서 생겨나 점점 더 심해지면 외부로 드러나는 것과 같습니다. 폐결핵이나 간질환, 에이즈 등도 마찬가지입니다. 이런 병이 생긴 사람들을 보면 대체적으로 혈기가 많거나 교만하고, 자기 주장이 강하여 상대를 무시하는가 하면, 타인의 잘못을 용납하지 못하는 무정한 사람이 많습니다.

그렇지 않은데도 독종의 재앙이 왔다면 육체의 일을 행했거나 부모나 가족, 혹은 조상이 하나님 앞에 큰 죄를 쌓았을 수도 있습니다. 만일 부모가 우상을 섬겼다 해도 그 자녀가 하나님의 말씀 안에 살 때는 하나님께서 지켜 주시기 때문에 재앙이 임하지 않습니다.

이러한 재앙들을 당하고서도 바로가 돌이키지 않으니 불 섞인 우박이 하늘에서 떨어져 애굽 전역의 농작물은 물론, 집 밖에 나와 있던 짐승이나 사람까지 죽어야 했습니다.

큰 우박은 지름이 15cm에 달하는 것도 있다고 합니다. 하늘에서부터 이렇게 큰 얼음 알갱이가 불에 섞여 떨어진다면 농작물은 물론이고 가축이나 건물까지도 그 피해 규모는 상상을 초월할 것입니다.

영적으로 우박의 재앙은 어떤 불의의 사고나 일로 인해 재물에 큰 손해를 보는 것을 의미합니다. 가족 중 한 사람이 큰 질병이나 사고를 당하여 갑자기 많은 돈이 나가게 되는 경우이지요.

예를 들어, 주님을 열심히 믿던 사람이 재물을 탐하여 세상일에 집착하다 보면 온전한 주일성수를 하지 않는 경우가 있습니다. 그럴 때 예고 없이 일터나 사업터에 문제가 생기고, 불의의 사고나 질병 등으로 재산을 허비하게 되는데 바로 우박의 재앙에 해당됩니다. 우박이 밭의 식물 중 일부를 훼손시킨 것처럼 우박의 재앙을 당하면 한꺼번에 전 재산을 잃게 되는 것은 아닙니다.

그나마 우박의 재앙에서 남아 있던 작물들도 바로의 강퍅함으로 인해 뒤따른 메뚜기의 재앙으로 다 사라졌습니다. 펄벅의 소설 '대지'에 나오는 메뚜기 떼처럼 온 하늘을 새까맣게 뒤덮는 수백만 마리의 메뚜기 떼는 두려움 자체였을 것입니다.

메뚜기가 한번 휩쓸고 지나간 자리는 농작물은 물론 풀 한 포기조차 남지 않는 무서운 재앙입니다. 메뚜기의 재앙은 남아 있는 것까지 모두 없어지기 때문에 우박의 재앙보다 훨씬 피해가 큽니다.

예를 들면, 사업의 실패로 부도가 나거나, 병세가 위중하여 치료가 불가능한 경우, 탈선한 자녀가 돌이킬 수 없는 상황에 이른 경우 등 가정, 일터, 사업터까지 산산조각이 나는 것입니다. 이러한 재앙을 만나고도 회개하지 않으면 결국 아무것도 남지 않게 됩니다.

이렇게 재앙이 임할 때마다 왕은 이를 면하게 해 주면 백성들을 놓아 주겠다고 사정했지만, 재앙이 사라지면 번번이 마음을 변개하곤 했습니다.

마침내 바로의 강퍅함으로 인해 모세는 하늘을 향해 손을 들었고, 흑암의 재앙이 임하여 애굽 온 땅에서 빛이 사라지고 말았습니다. 3일 밤낮을 해도 달도 비취지 않으니 칠흑 같은 어둠 속에 애굽인들이 느껴야 했던 두려움과 공포는 어떠했겠습니까.

"여호와께서 모세에게 이르시되 하늘을 향하여 네 손을 들어서 애굽 땅 위에
흑암이 있게 하라 곧 더듬을 만한 흑암이리라 모세가 하늘을 향하여 손을 들
매 캄캄한 흑암이 삼 일 동안 애굽 온 땅에 있어서 그동안은 사람 사람이 서로
볼 수 없으며 자기 처소에서 일어나는 자가 없으되"(출 10:21-23)

흑암은 영적으로 어두움의 재앙, 죽음 직전의 재앙으로서 삶의 모든
분야에 소망이 끊어지고 앞날이 캄캄해지는 것이지요. 생명처럼 아끼
는 재산까지 다 잃었음에도 불구하고 여전히 회개하지 않는 강퍅한 사
람에게 임하는 재앙입니다.

이는 많은 재앙을 당하고도 하나님을 인정하지 않거나, 하나님을 믿
되 그 말씀대로 지켜 행하지 않고 악을 쌓았기 때문입니다. 그래서 생
명이 끊어지는 것 같은 커다란 재앙이지만, 아직까지 생명의 해를 당
하는 것은 아닙니다.

흑암의 재앙을 당하고도 바로가 백성들을 보내지 않으니 결국 마지
막 장자의 재앙까지 당하게 됩니다. 영적으로 장자의 재앙은 가장 사
랑하는 자녀나 가족 중 누군가 죽게 되거나, 혹은 완전히 타락의 길로
빠져 구원받지 못할 길로 들어가는 경우이지요.

열 재앙은 한 단계, 한 단계를 거칠 때마다 점점 커지고 치명적인 결
과를 낳습니다. 그러나 바로 왕은 거듭되는 재앙으로 인해 신하들조차
'애굽이 망했다.' 고백할 정도임에도 돌이키지 않았습니다.

결국 하나님께서는 애굽 온 땅에 장자의 재앙을 더하셨습니다.

고센 땅을 구별하신 하나님

하나님의 놀라운 권능으로 애굽 전역에 재앙이 임하였을 때 이스라엘 백성들도 재앙의 고통을 당했을까요?

그 당시 이스라엘 백성들은 애굽의 고센 땅에 거하고 있었습니다. 이는 애굽 사람들이 가증히 여기는 목축이 이스라엘 백성들의 주요 생업이었기 때문에 따로 촌락을 이루고 있었던 것입니다. 그런데 이 고센 땅에는 재앙이 하나도 임하지 않았다는 사실입니다.

과연 이 말씀대로 온 애굽에 파리 떼가 들끓는데도 이스라엘 사람들이 거하는 고센 땅에는 마치 거짓말처럼 파리 떼가 없었습니다. 이는 하나님께서 이스라엘 백성과 애굽 백성을 구별하는 표징이었던 것입니다.

이 외에도 악질이나 독종, 우박, 메뚜기의 재앙도 고센 땅에는 임하지 않았고, 애굽 전역이 캄캄한 흑암 중에 있을 때도 고센 땅에는 여전히 광명이 있었지요. 이것을 보는 사람들은 하나님의 권능에 대해 다시 한 번 놀라며 영광을 돌릴 수밖에 없었습니다.

초태생의 재앙과 유월절의 유래

하나님께서는 모세를 통해 애굽 온 땅에 초태생의 죽음을 알리신 후 이스라엘 온 회중에게 한 가지 당부를 하셨습니다. 곧 애굽에 큰 재앙을 내리시는 그날, 각 가족은 식구를 위하여 어린 양이나 염소 중 흠 없고 일 년 된 수컷을 잡아 그 피를 집 문 좌우 설주와 인방에 바르고 결코 아침까지는 집 밖으로 나가지 말라고 당부합니다.

"여호와께서 애굽 사람을 치러 두루 다니실 때에 문 인방과 좌우 설주의 피를 보시면 그 문을 넘으시고 멸하는 자로 너희 집에 들어가서 너희를 치지 못하게 하실 것임이니라"(출 12:23)

이때 문 인방과 좌우 설주에 피를 바르는 것은 곧 예수 그리스도의 예표로 주님의 보혈의 피를 상징합니다. 주님의 보혈의 공로로 죄사함을 받고 구원에 이름을 의미하지요. 이에 대해 예수님께서는 "내가 문이니 누구든지 나로 말미암아 들어가면 구원을 얻고 또는 들어가며 나오며 꼴을 얻으리라"(요 10:9) 말씀하셨습니다.

또한 그 밤에 고기를 불에 구워 무교병과 쓴 나물과 함께 먹으라 했습니다. 이는 "인자의 살을 먹지 아니하고 인자의 피를 마시지 아니하면 너희 속에 생명이 없느니라"(요 6:53) 하신 대로 예수님의 살 곧 하나님의 말씀을 양식삼아야 함을 의미합니다.

그리고 고기를 "날로나 물에 삶아서나 먹지 말고 그 머리와 정강이와 내장을 다 불에 구워 먹고" 하셨는데, 이는 성령의 감동함 가운데 성경 66권에 기록된 모든 하나님의 말씀을 양식삼아야 한다는 말씀입니다.

이러한 하나님의 뜻에 따라 이스라엘 백성들은 흠 없고 일 년 된 수컷으로 어린 양과 염소를 잡아 피를 문에 바르고 그 밤에 고기를 불에 구워 먹었습니다.

사방이 어둡고 적막한 밤, 이윽고 애굽 전역에 전무후무한 큰 곡성이 울려 퍼졌습니다. 애굽에서 난 가축에서부터 사람에게 이르기까지 처음 난 것, 곧 모든 초태생의 죽음으로 그 밤 애굽 전역은 울부짖을 수밖에 없었습니다. 그러나 이스라엘 백성들은 모두 안전하게 지킴받을 수 있었지요.

"너희는 이르기를 이는 여호와의 유월절 제사라 여호와께서 애굽 사람을 치실 때에 애굽에 있는 이스라엘 자손의 집을 넘으사 우리의 집을 구원하셨느니라 하라"(출 12:27)

이 일을 기점으로 이스라엘은 오늘날까지 애굽의 초태생을 멸하실 때 그 민족을 지키신 하나님의 은혜를 기억하며 유월절과 7일 동안 누룩을 제한 무교병을 먹음으로 애굽에서 고난받던 일을 기념하는 무교절을 지키게 되었습니다.

나는 너희의
하나님인 줄 알리라

3

| 출애굽 |

모세가 바다 위로 손을 내어민대
...
이스라엘 자손이 바다 가운데 육지로 행하고 물은 그들의 좌우에 벽이 되니
(출 14:21-22)

애굽 왕 바로는 여러 가지 재앙을 당하면서도 이스라엘 백성들을 놓아 주지 않으려 했지만, 마지막 재앙을 당한 후에는 두려움으로 마침내 항복하고 말았습니다. 대를 이어갈 장자와 처음 태어난 생축이 하룻밤 사이에 모조리 죽임을 당하니 애굽 전역에 통곡 소리가 하늘에 닿을 듯했습니다.

"오! 나의 아들…. 파라오의 아들아!"

완고한 바로였지만 아들의 죽음 앞에서는 무너져 내릴 수밖에 없었습니다. 비통에 잠겨 있던 그는 급히 모세를 불러 이스라엘 백성들을 데리고 애굽에서 떠날 것을 명합니다. 바로의 고집으로 인해 엄청난 재앙을 당해야 했던 애굽 백성들도 많은 은금 패물과 의복까지 주면서 속히 나가도록 재촉했지요. 열 재앙으로 인해 애굽 백성의 고통이 얼마나 심하였는지 짐작할 수 있습니다.

하나님께서는 모세를 부르실 때 이미 알려 주셨습니다. 출애굽기 3장 21-22절을 보면 "너희가 갈 때에 빈손으로 가지 아니하리니 여인마다 그 이웃 사람과 및 자기 집에 우거하는 자에게 은 패물과 금 패물과 의복을 구하여 너희 자녀를 꾸미라 너희가 애굽 사람의 물품을 취하리라" 말씀하셨지요.

이렇게 모든 것이 하나님의 말씀대로 성취되고 애굽에서의 노예생활을 청산한 이스라엘 백성들은 마침내 약속의 땅 가나안을 향한 대장정을 시작하게 되었습니다.

출애굽! 영광의 탈출

"덜거덕…. 덜거덕…."
"음매~~"

드디어 이스라엘 백성들은 모세를 선두로 양과 소 등 가축을 이끌고 라암셋에서 남동쪽 숙곳을 향해 출발하였습니다. 장정만 해도 60만 명이라 했으니 어린아이들과 노인, 여인들까지 합하면 족히 200만 명을 넘는 한 민족이 이동하는 광경을 한번 상상해 보십시오.

400년간 목축을 업으로 삼았던 만큼 양과 소, 염소가 떼를 이루니

짐승의 울음소리와 이곳저곳에 한가득 짐을 실은 수레들의 덜거덕거리는 바퀴 소리로 북새통을 이루었을 것입니다.

이리저리 뛰어다니는 아이들과 대오에서 떨어지지 않게 부지런히 뒤를 좇는 노인에 이르기까지 모든 사람들이 해방의 기쁨 속에 마치 소풍에 들뜬 어린아이들과 같이 흥분과 기대를 감출 수 없었습니다.

이스라엘 백성들은 가나안으로 들어가서 누릴 축복의 소망으로 그저 행복할 수도 있었겠지만, 모세의 입장은 달랐습니다. 수많은 무리를 인도해야 하는 막중한 사명을 혼자 짊어져야 했기 때문입니다. 언젠가 하나님의 약속대로 민족이 애굽을 떠나 약속의 땅을 향할 것을 믿었던 요셉의 유언대로 모세는 그의 유해를 가지고 조용히 앞장섰습니다.

원래 아프리카 북동부에 위치한 애굽, 곧 이집트에서 가나안으로 가기 위해 가장 가까운 길은 지중해를 거슬러 올라 오늘날 가자 지구를 통과하여 블레셋 땅으로 가는 길입니다.

대개 아프리카의 관문인 이집트를 침입했던 사람들이 이 경로를 선택했기 때문에 강력한 병사가 국경을 수비하고 있었습니다. 무사히 국경을 넘는다 해도 블레셋 땅으로 직행하려면 반드시 전쟁을 치러야 했습니다.

그런데 당시 이스라엘 백성들의 믿음으로 본다면 전쟁은 너무나 무모한 일이었습니다. 믿음이 연약한 이스라엘 백성들은 전쟁을 치러보려고 하지도 않고 애굽으로 돌아가려고 할 것이 자명했기 때문입니다.

이스라엘 백성들은 당장 애굽의 압제에서 벗어나는 것이 좋았을 뿐 하나님께 대한 신실한 믿음이 있었던 것이 아닙니다. 그러니 큰 어려움이 닥치게 되면 얼마든지 '그때가 좋았는데….' 할 수 있지요.

이스라엘 민족의 출애굽 경로

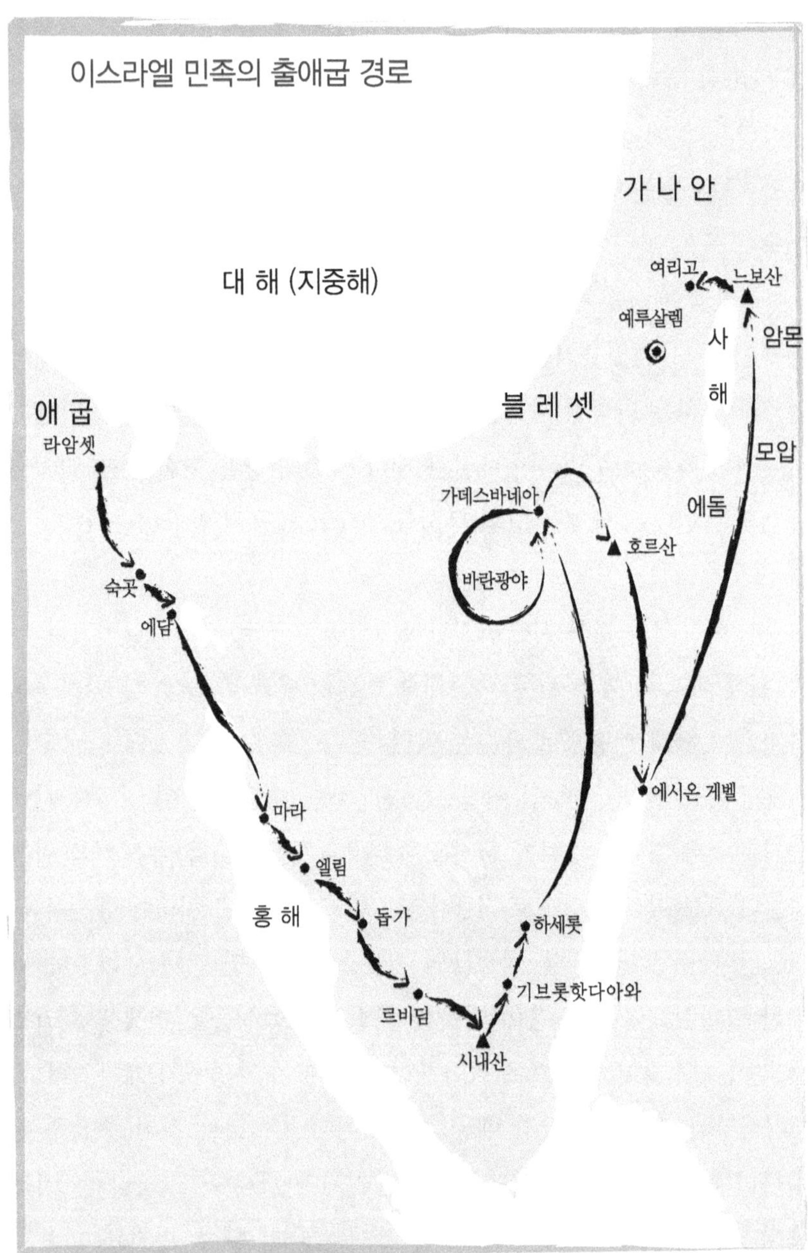

마치 전도를 받아 믿음 안에 막 들어온 초신자에게 갑자기 큰 시험이 닥쳐오면 그 시험을 감당할 길이 없으므로 다시 세상을 바라보는 것과 같은 이치입니다.

이러한 사람의 근본 마음을 아셨던 하나님께서는 이스라엘 백성들을 인도하실 때 비록 행로가 불편하더라도 가까운 육로를 택하지 않으시고 홍해를 건너 먼 광야 길로 돌아가게 하셨습니다.

"블레셋 사람의 땅의 길은 가까울지라도 하나님이 그들을 그 길로 인도하지 아니하셨으니 이는 하나님이 말씀하시기를 이 백성이 전쟁을 보면 뉘우쳐 애굽으로 돌아갈까 하셨음이라" (출 13:17)

홍해를 마른 땅으로

이스라엘 백성들이 애굽을 떠나면서부터 하나님께서는 그들의 앞에 행하시면서 낮에는 구름기둥으로, 밤에는 불기둥으로 인도해 주셨습니다. 낮 동안 두터운 구름기둥으로 해를 가려주심으로 출애굽한 이스라엘 백성들이 40-50도를 오르내리는 광야 길을 수월하게 갈 수 있도록 하신 것이지요.

습도가 적은 아프리카나 중동지방에서는 약간의 그늘만 드리워도 기온의 차이가 많이 납니다. 또한 밤에 불기둥으로 역사하신 것도 사막화된 광야의 큰 일교차를 극복할 수 있도록 배려하신 하나님의 사랑이었습니다.

그런데 이스라엘 백성들이 평안히 전진하는 것도 잠시뿐, 이윽고 진퇴양난의 상황에 빠지고 말았습니다. 막상 이스라엘 백성이 다 떠나고 나자 바로의 마음에 '우리가 어찌 이같이 이스라엘을 섬김에서 놓아 보냈던고.' 하며 후회가 밀려들었던 것입니다.

급기야 바로 왕은 특별 병거 육백승과 모든 병거(兵車, 전쟁 시 군사를 싣는 수레)를 동원하여 그들을 추격하기에 이릅니다. 이미 하나님께서는 바로 왕이 다시금 마음이 강팍해져 추격해 올 것을 아시고 모세에게 알려 주셨지요.

홍해 앞에 이르렀을 무렵, 아직 해방의 단꿈에 젖어 있던 이스라엘 백성들은 멀리 흙먼지를 일으키며 무섭게 달려오는 한 떼의 군마를 보았습니다. 앞에는 깊이를 가늠할 수 없는 홍해로 가로막혀 있고, 뒤에는 무장한 애굽 군대가 추격해 오는 것입니다.

그러자 두려움에 찬 이스라엘 백성들은 "우리가 애굽 사람들을 섬길 것이라 하지 않았느냐. 어찌 애굽에 매장지가 없어서 우리를 광야에서 죽게 하려느냐. 애굽 사람을 섬기는 것이 광야에서 죽는 것보다 낫겠다." 하며 모세를 원망하기 시작합니다. 하늘이 무너져 내리는 듯한 두려움으로 백성들은 모세를 향해 절규했던 것입니다.

그들이 애굽에서 나온 것은 고통중에 부르짖는 그들의 기도를 들으신 하나님께서 역사하신 것이지 모세가 억지로 끌고 나온 것이 아닙니다. 더구나 하나님께서는 어떤 분이십니까? 애굽 전역에 두려운 재앙을 내리시고 하룻밤 사이에 애굽의 장자들을 다 멸하셨지만, 이스라엘 백성들은 머리털 하나 다치지 않게 지켜 주신 분이십니다.

천하 만민의 생사화복을 주관하시는 하나님을 믿는다면 바로의 군대가 추격해 온다 해도 걱정할 필요가 전혀 없는 것입니다. 하지만 이스라엘 백성들은 그토록 놀라운 권능을 보았으면서도 여전히 하나님을 믿지 못했을 뿐만 아니라 원망까지 하고 있습니다.

이때도 하나님께서는 믿음이 적은 이스라엘 백성들을 책망하지 않으시고 모세 한 사람의 믿음을 통해 큰 권능을 보여 주십니다. 마치 걸음마를 채 떼지 못한 갓난아이를 안고 업고 어르는 부모의 사랑으로 하나님께서는 아직 믿음이 연약한 이스라엘 백성들을 나무라지 않으시고 모세의 믿음으로 대신 역사해 주셨습니다.

모세는 동요하는 이스라엘 백성들을 향하여 담대히 말합니다.

"너희는 두려워 말고 가만히 서서 여호와께서 오늘날 너희를 위하여 행하시는 구원을 보라 너희가 오늘 본 애굽 사람을 또 다시는 영원히 보지 못하리라 여호와께서 너희를 위하여 싸우시리니 너희는 가만히 있을지니라"(출 14:13-14)

이 얼마나 멋있는 믿음의 고백입니까. 모세의 눈에는 검푸른 홍해도 맹렬히 추격해 오는 애굽 군대도 보이지 않았습니다. 오직 하나님께서 행하실 위대한 역사를 바라보았던 것입니다.

모세의 고백대로 드디어 하나님께서 이스라엘을 위하여 역사하시기 시작하셨습니다. 먼저, 이스라엘 진 앞에 행하던 하나님의 사자가 뒤로 옮겨서 애굽 군대와 이스라엘 백성들 사이에 서자, 진 앞에 있던 구름기둥도 그 자리로 옮겨 갔습니다.

그러자 밤새 이스라엘 편에는 광명이 있는 반면, 애굽의 군대가 있는 편에는 구름과 흑암이 깔려 있었습니다. 애굽 군대는 한 치 앞도 분간할 수 없는 칠흑 같은 어둠 속에 향방을 잡지 못한 채 밤새 고전을 면치 못했지요.

이윽고 모세가 하나님의 명대로 지팡이를 든 손을 바다 위로 내어밀었습니다. 그러자 밤새도록 큰 동풍이 불더니 놀랍게도 거대한 바닷물이 수직으로 일어나 벽이 되는 것이 아닙니까?

이 장엄한 광경을 마음속에 한번 그려 보시기 바랍니다.

우레 같은 소리와 큰 바람 가운데 거대한 바다가 갈라지고 백성들은 바다 한가운데를 걸어서 건너가는데, 양옆으로 바닷물이 높은 벽을 이루고 멈추어 서 있습니다.

만일 여러분 자신이 직접 바다 한가운데를 걸어서 건너간다면 어떻겠습니까? 말할 수 없는 감격과 감동, 놀라운 권능으로 온몸에 전율이 일게 될 것입니다. 놀라운 일을 베푸신 전능하신 하나님께 영광돌리며 중심에서 경배와 찬송이 나오지 않겠습니까.

어린아이와 노인을 포함하여 200만 명이 넘는 사람들과 양 떼와 소 떼 등 어마어마한 생축이 바다 한가운데로 건너가고 있는 것입니다.

그런데 밤새도록 구름과 흑암 속에 고전하던 애굽 군대가 언제 쫓아왔는지 홍해를 건너는 이스라엘 백성의 뒤를 추격하며 바닷길로 접어들었습니다. 조금만 더 속력을 내면 얼마 못 미쳐 이스라엘 백성들을 잡을 수 있을 듯한데 어찌된 일인지 바로의 군대는 뒤쫓는데 어려움을 느껴야 했습니다.

병거 바퀴가 벗겨지고 달리는 것이 몹시 힘겨웠던 것입니다. 그러자 밤새 짙은 흑암 속에 갇혀 이상한 기운을 감지한 군사들 중에는 "이스라엘 앞에서 우리가 도망하자 여호와가 그들을 위하여 싸워 애굽 사람들을 치는도다.” 하고 동요가 일기 시작합니다.

그들의 예견은 적중했습니다. 이스라엘 백성들이 갈라진 홍해를 모두 건너자, 모세가 다시 바다 위로 손을 폈습니다. 그 순간 갈라졌던 홍해가 순식간에 다시금 하나로 합쳐졌지요.

“어…. 어엇!”

눈 깜짝할 사이에 애굽의 군대는 모두 수장되고 말았던 것입니다.

이때 모세와 이스라엘 백성들은 애굽 사람의 손에서 건져내신 구원의 은총에 너무나 감사하여 하나님께 찬송하며 경배했습니다. 백성들의 안위를 책임져야 했던 모세의 감동은 더욱 남달랐습니다.

“여호와는 나의 힘이요 노래시며 나의 구원이시로다 그는 나의 하나님이시니 내가 그를 찬송할 것이요 내 아비의 하나님이시니 내가 그를 높이리로다”(출 15:2)

“여호와여 신 중에 주와 같은 자 누구니이까 주와 같이 거룩함에 영광스러우며 찬송할 만한 위엄이 있으며 기이한 일을 행하는 자 누구니이까”(출 15:11)

모세의 누이 미리암과 모든 여인들도 소고를 잡고 춤을 추며 하나님께 영광을 돌렸습니다.

“너희는 여호와를 찬송하라 그는 높고 영화로우심이요 말과 그 탄 자를 바다

에 던지셨음이로다"(출 15:21)

·애굽의 열 재앙도 놀라움의 연속이었지만 홍해가 갈라진 것은 정녕 하나님께서 이스라엘 백성들 가운데 함께하시고 모세를 보장하신다는 사실을 다시 한 번 확증하는 사건이었습니다.

모세는 순종할 수 없는 일에도 순종할 수 있는 믿음을 소유하고 있었기에 하나님의 놀라운 역사가 함께하는 것을 볼 수 있습니다.

홍해를 가르라는 하나님의 명령은 인간적인 지식이나 생각, 이론을 동원하면 도저히 순종할 수 없지만, 모세가 믿음으로 순종하니 하나님의 능력으로 홍해가 갈라졌던 것입니다. 이처럼 하나님께 속한 일들은 오직 영적인 믿음으로만이 가능하다는 사실입니다.

마라에서의 원망

홍해를 건넌 이스라엘 백성들은 수르 광야로 들어갔으나 그동안 마실 물도 떨어지고 물을 얻지 못한 채 '마라'라는 곳에 이르렀습니다. 사흘 만에 물을 발견한 백성들은 해갈의 기쁨을 기대하였지만 마라의 물은 도무지 써서 마실 수가 없었습니다.

그러자 백성들은 이내 모세를 원망하였습니다.

애굽에 내린 열 재앙은 고사하고 불과 사흘 전에 그들은 바다를 마른 땅으로 건넜지만, 당장 눈에 보여지는 현실의 어려움 앞에서 거침없이 원망을 쏟아냈던 것입니다.

물론 광야의 무더위 속에서 사흘간이나 물을 얻지 못한 것은 참기 힘든 고통이었을 것입니다. 그러나 설령 그렇다 해도 이스라엘 백성들은 '홍해를 가르신 능력의 하나님께서 우리가 구하면 주시리라.' 하는 일말의 믿음조차 갖지 못했던 것입니다.

길이 참고 기다리시는 하나님께서는 그 백성들을 위하여 모세에게 한 나무를 지시하시고 그 나뭇가지를 물에 던져 쓴 물을 단 물로 바꾸어 주셨습니다. 이때 나뭇가지를 물에 던지게 하신 이유는 무엇일까요?

하나님께서 역사하시면 나뭇가지를 통해서도 물을 달게 하실 수 있음을 나타냅니다. 곧 무에서 유를 창조하시고 불가능을 가능케 하는 하나님의 전능하심을 나타내지요. 또한 하나님의 역사를 보고도 매번 어려운 일을 당할 때마다 원망하는 이스라엘 백성들이 죽은 나뭇가지와 다를 바 없음을 깨우쳐 주기 위함입니다.

물은 영생수, 곧 하나님의 말씀을 의미하며 죽은 나뭇가지가 물에 던져지니 곧 단 물이 된 것처럼 버려진 나뭇가지와 같은 사람이라 해도 하나님의 말씀대로 살게 되면 말씀을 통해 새롭게 변화된다는 사실입니다.

또다시 반복되는 불평들

그 후 엘림과 시내 산 사이 신 광야에 이르렀을 때 이스라엘 백성에게는 또 다른 문제가 생겼습니다. 애굽에서 가지고 나온 양식이 바닥이 난 것입니다.

과거의 힘든 기억들도 지나고 나면 모두 잊혀지고 '그때가 좋았지.' 하는 것처럼 애굽에 있을 때 마음껏 떡을 먹었던 일들이 떠오르자, 어느새 백성들 사이에서는 불평이 터져 나왔습니다. 이미 고된 노역과 학대의 기억은 저만치 사라졌던 것이지요.

이처럼 조금만 어려워도 견디지 못하고 원망하는 이스라엘 백성들을 탓하지 않으시고 하나님께서는 만나와 메추라기로 먹게 하십니다. 이는 모세를 따라 광야 길에서 이탈하지 않은 작은 행함이라도 믿음으로 인정해 주셨기 때문입니다.

매일 저녁이면 메추라기가 와서 진에 덮이고, 아침에는 이슬이 진 사면에 있더니 그 이슬이 마른 후에는 지면에 작고 둥글며 서리같이 세미한 것이 있었는데 그것이 바로 하늘에서 내려온 '만나'였습니다. 만나는 희고 그 맛이 꿀 섞은 과자와 같았지요.

이때 하나님께서는 욕심 부리지 말고 각 사람의 분량대로 알맞게 취하라고 하시며(출 16:16), 다음 날 아침까지 남겨 두지 않도록 하셨습니다. 그럼에도 백성들 중에는 불순종하여 아침까지 남겨 두어 벌레가 생기고 냄새가 난 경우도 있었습니다.

이렇게 먹을 양식이 없어 원망하던 백성들은 하나님께서 주시는 만나와 메추라기로 황량한 광야에서도 풍족히 먹으며 행군할 수 있었던 것입니다.

시간이 지남에 따라 이스라엘 백성에게는 젖과 꿀이 흐르는 가나안 땅에 대한 소망보다 척박한 광야의 괴로움이 가중되었습니다. 보이는 곳이라곤 황량한 벌판과 바위 산뿐이었지요.

이윽고 이스라엘 백성들은 신 광야에서 떠나 노정대로 르비딤에 장막을 치게 됩니다. 르비딤에 이르러서도 마실 물이 없자, 마치 기다렸다는 듯이 백성들은 "우리에게 물을 주어 마시게 하라! 어찌하여 애굽에서 인도하여 내어 목말라 죽게 하느냐!" 하며 모세를 원망하였습니다.

심지어 어떤 사람들은 자칫 모세에게 돌을 던질 기세로 다투기까지

하였습니다. 이때 모세의 심정이 어떠했겠쭙니까?

모세는 하나님 앞에 아뢸 수밖에 없었습니다. 하나님께서는 부르짖는 모세에게 백성들 앞을 지나 이스라엘 장로들을 데리고 가서 전에 하수를 치던 지팡이로 호렙 산 반석을 치도록 말씀하십니다. 모세가 이스라엘 장로들이 보는 앞에서 그대로 행하였더니 반석에서 물이 나오는 것입니다.

이스라엘 백성들은 그 후로도 크고 작은 어려움을 만날 때마다 믿음을 내보이지 못합니다. 그때마다 느껴야 했던 모세의 안타까움은 이루 말로 다 표현할 수가 없었습니다. 어떻게든지 하나님의 은혜를 입을 수 있도록 믿음이 없는 백성들을 대신하여 간구해야 했으며, 한편으로는 백성들을 진정시키고 진리를 가르쳐 믿음을 심어 줘야 하는 짐까지 지고 있었지요.

이처럼 르비딤에서 원망하고 불평하는 사이에 아말렉 족속이 쳐들어 왔습니다. 모세는 여호수아에게 아말렉과 접전할 사람들을 택하여 싸우도록 명하고, 자신은 지팡이를 잡고 산꼭대기로 올라가 하나님께 기도하기 시작하였습니다. 이때 모세가 손을 들면 이스라엘이 이기고, 손을 내리면 아말렉이 이기는 것입니다.

시간이 흘러 모세의 팔이 피곤하여 힘들어지자, 함께하던 아론과 훌이 돌을 가져다가 모세를 앉게 한 후, 양쪽에서 손을 붙들어 올렸지요. 그러자 해가 지도록 손이 내려오지 않았고, 결국 아말렉과의 전투에서 승리할 수 있었습니다.

십계명과 율례

이스라엘 백성들이 진 치고 있는 광야로 미디안 제사장이었던 모세의 장인 이드로가 모세의 아내 십보라와 두 아들을 데리고 찾아옵니다. 오랜만에 장인을 만난 모세는 출애굽하여 광야에 이르기까지 있었던 하나님의 놀라운 역사를 소상히 전해 줍니다. 이에 이드로는 하나님께 찬송과 경배를 올리며 함께 기뻐합니다.

이튿날, 이드로는 희한한 장면을 목격하였습니다. 수많은 백성들이 하나님의 뜻을 물으려고 아침부터 모세를 찾아와 줄을 서기 시작하는 것입니다. 한 사람이 모세에게 자신의 사정을 말하는가 싶으면 또 다른 사람들이 찾아오니 줄이 줄기는커녕 하루 종일 해도 시간이 모자랄 지경이었습니다.

과거 이스라엘 백성들은 애굽에 종속되어 그 법 아래 살아왔는데 출애굽한 후 마땅히 법과 질서가 세워지지 않으니 그야말로 무법천지가 된 것입니다. 그러니 일일이 자신의 억울함이나 시시비비를 가리고자 모세를 찾아왔지요. 200만 명이나 되는 무리를 모세 혼자 감당하고 있으니 어떠했겠습니까.

보다 못한 장인 이드로는 백성들 가운데 재덕이 겸전(兼全)한 자를 뽑아 각각 천부장, 백부장, 오십부장, 십부장을 세워 재판하게 하고 모세는 큰 일만 처리하도록 충고하였습니다. 그러나 이를 하나님께 여쭈어보고 허락하시면 실행하라고 권합니다(출 18:23). 그는 비록 이방인이었지만 원칙을 정확히 알고 있었던 것입니다.

장인의 권면을 선하게 여긴 모세는 각각 천부장과 백부장, 오십부장, 십부장을 세웠지만 이들에게 재판의 기준이 되는 법을 명시해 주어야 했습니다. 이에 하나님께서는 이스라엘 백성들을 시내 산으로 인도하시고 성결케 하신 후 십계명을 비롯한 율례를 주시기에 이릅니다.

시내 산에 강림하신 하나님의 엄위하신 위용 앞에 두려워 떠는 이스라엘 백성들을 대신하여 하나님께서는 모세를 시내 산으로 부르십니다. 그곳에서 반드시 지켜야 할 10가지의 행동 규범인 '십계명'을 친히 돌판에 새겨 주시고 율례를 알게 하셨습니다.

"나는 너를 애굽 땅, 종 되었던 집에서 인도하여 낸 너의 하나님 여호와로라

너는 나 외에는 다른 신들을 네게 있게 말지니라

너를 위하여 새긴 우상을 만들지 말고 … 그것들을 섬기지 말라 …

너는 너의 하나님 여호와의 이름을 망령되이 일컫지 말라 …

안식일을 기억하여 거룩히 지키라 …

네 부모를 공경하라 …

살인하지 말지니라

간음하지 말지니라

도적질하지 말지니라

네 이웃에 대하여 거짓 증거하지 말지니라

네 이웃의 집을 탐내지 말지니라" (출 20:2-17)

하나님께서는 십계명에 이어 제단에 관한 법, 종에 관한 법, 폭력에

관한 법, 배상에 관한 법, 도덕에 관한 법, 정의와 복지에 관한 법 등 구체적인 율례를 주셨습니다.

마치 십계명이 오늘날의 헌법에 해당한다면 율례는 민법, 형법, 가정법 등 각각의 세분화된 구체적인 법규라고 할 수 있습니다. 율례는 이스라엘 백성들이 실생활에서 부딪히는 문제들, 즉 십계명의 세부적인 사항을 구체적으로 규정하는 규례입니다.

하나님의 공의와 사랑에 입각하여 당시 사회 구조상 자연스럽게 성립될 수밖에 없었던 각종 규례들이지요. 따라서 십계명을 비롯한 수많은 율례는 이스라엘을 억압하기 위해 제정하신 것이 결코 아닙니다.

특히 하나님께서 주신 십계명은 단순한 행동규범이 아니요 도덕적 차원을 초월한 절대 명령입니다. 십계명은 겉으로 보기에는 계명이요 율법이지만 하나님의 구원의 언약이 담겨 있었습니다. 마치 애굽에 내린 초태생의 재앙 때에 보혈의 피를 상징하는 피를 문 인방과 좌우 설주에 바름으로 죽음을 면한 것과 같이 십계명을 지킴으로 하나님의 말씀 안에 거할 때 구원에 이를 수 있는 것이지요.

더욱이 무조건 계명을 정하시고 강압적으로 지키게 하신 것이 아니요 이스라엘 백성들로 하여금 수많은 권능의 역사를 체험하게 하심으로 믿고 순종할 수 있게 하셨습니다. 십계명은 당시 이스라엘 백성들에게 있어서 하나님의 선민이 되느냐 되지 못하느냐 하는 준엄한 기준이었습니다.

마찬가지로 오늘날도 우리가 하나님의 계명을 지키는 여부에 따라서 구원이 결정지어질 뿐 아니라 하나님의 사랑과 축복을 받을 수 있는 지름길이 된다는 사실입니다. 이는 하나님의 말씀, 곧 성경 66권의

총집합체로 십계명의 영적인 뜻을 바로 알아 지킨다면 누구나 하나님의 뜻을 깨닫고 행할 수 있기 때문이지요(주제설교모음집 십계명편 〈하나님의 법도〉 참고).

하나님의 사랑이 담긴 성막

하나님께서는 모세로 하여금 시내 산에 오르게 하신 후 성막에 대해서도 자세히 알려 주셨습니다. 성막은 하나님이 거하실 장막으로 오늘날의 교회와 같은 역할을 하는 곳입니다.

성막 전체가 다 거룩한 장소이지만 특별히 그 안의 지성소는 구별되어 오직 대제사장만 1년에 한 차례 하나님 앞에 속죄의 제사를 행하도록 허락받았고, 죄인들은 들어갈 수 없었습니다.

그런데 예수님께서 우리 죄를 위해 십자가에서 죽으실 때 지성소와 우리 사이를 막고 있던 휘장이 찢어진 후 하나님 앞에 나갈 길이 열린 것입니다(히 10:19-20). 전에는 제사장을 통해 하나님께 나갈 수 있었지만, 이제는 하나님과 친히 교통할 수 있게 된 것이지요.

하나님께서 이러한 성막을 짓게 하신 것은 사람의 마음을 잘 아셨기 때문입니다. 눈으로 보고 만져지는 것을 원하는 사람들의 속성을 아셨기에 보이지 않는 하나님을 이스라엘 백성들에게 느낄 수 있도록 성막을 짓고 그 위에 하나님의 영광이 머물도록 하셨던 것입니다.

뿐만 아니라 십계명을 비롯한 많은 율례의 말씀이 제정된 후 필연적으로 발생하는 범죄에 대해 속죄하기 위한 이유도 있었습니다.

구약의 율법은 대체로 '눈은 눈으로, 이는 이로, 손은 손으로, 발은 발로' 갚도록 규정되었습니다. 그때는 성령시대가 아니었기에 마음의 죄악을 발견하여 버릴 수 없으므로 강력한 보응을 통해 범죄를 막을 수밖에 없었습니다. 마치 적은 누룩을 그냥 두면 그대로 번지는 것과 같이 비록 작은 범죄일지라도 그에 상응하는 규제가 없다면 급속도로 번져질 것을 우려하여 강력한 제재의 기준을 마련하신 것이지요.

그런데 만일 뜻하지 않은 일로 다른 사람의 손을 못 쓰게 만들었다고 해서 율법을 좇아 자신의 손을 불구로 만들어야 한다면 이스라엘 백성들은 벌써 가나안 땅에 이르기도 전에 수많은 사람이 장애인이 되어야 할 것입니다.

따라서 하나님께서는 범죄한 사람들이 하나님의 임재하심의 상징인 성막으로 나아와 예물을 가져다가 죄를 사함받을 수 있도록 길을 열어 주셨습니다. 이처럼 죄인이 하나님께 나아와 죄를 사함받을 수 있는 다양한 제사법과 정결법을 기록한 것이 바로 레위기의 말씀입니다.

"내가 거룩하니 너희도 거룩할지어다"(레 11:45) 기록한 대로 레위기는 하나님과 사람 사이의 화해의 지침서로 어떻게 죄가 사하여지는가, 어떻게 거룩하신 하나님처럼 거룩하고 성결된 삶을 살 수 있는가에 초점을 맞추고 있습니다. 또한 제사는 제사장의 중재로 이루어지는데 이는 오직 예수 그리스도를 통하여 하나님께 나아갈 수 있음을 나타내는 것이지요(주제설교모음집 예배편 〈신령과 진정으로 예배할 것은〉 참고).

하나님의 사람 모세의 사랑

시내 산에 오른 모세는 성막에 관한 내용과 십계명 등 많은 가르침을 받으며 40일 동안 금식하고 있었습니다. 시내 산은 태양빛을 가려 줄 나무 한 그루 자라기 힘든 황량한 바위 산입니다. 물 한 모금 얻기 힘든 이곳에서 오직 백성들을 위해 금식하며 하나님과 교통하는 동안 산 아래 백성들의 진에서는 엉뚱한 사건이 벌어지고 있었습니다.

모세가 산 위로 올라간 후, 아무런 소식이 없자 백성들은 조바심이 생겨 모세의 대언자로 세워진 아론을 채근하기 시작합니다.

"우리를 위하여 우리를 인도할 신을 만들라 이 모세 곧 우리를 애굽 땅에서 인도하여 낸 사람은 어찌 되었는지 알 수 없노라"(출 32:23)

백성들의 성화에 못 이겨 결국 아론은 금송아지를 만들었고 이 일로 이스라엘은 우상 숭배의 큰 악을 행하게 됩니다. 자신들이 만든 금송아지 형상 앞에 제사를 드리며 먹고 마시며 즐겼던 것입니다. 한낱 미물도 은혜를 아는데 그토록 많은 하나님의 은혜를 입고도 끝끝내 하나님을 저버렸던 것이지요.

하나님의 뜻을 받아 백성들을 인도하기 위하여 지금 모세는 40일 동안 주야로 물도 마시지 않고 금식하는데 백성들은 오히려 하나님이 가장 싫어하시는 우상을 만들어 섬기고 있었습니다. 산에서 내려와 범죄하는 이스라엘 백성들을 볼 때 모세의 심정이 어떠했겠습니까?

마음이 불붙는 듯 타들어가는 모세는 하나님께서 친히 새겨 주신 돌판을 산 아래로 던져 깨뜨리고 그들이 만든 금송아지를 가루로 만들어 마시우게 하였습니다. 백성들의 범죄로 크게 진노하신 하나님께서는 "내가 저들을 진멸시키겠노라" 하시며, 모세를 통해 새로운 큰 나라를 이루겠다고 하십니다.

세계사를 살펴보면 자신의 유익을 위해 반역을 꾀하며 섬기던 주군을 몰아내거나 왕위를 찬탈하는 경우가 종종 있습니다. 야심이 있는 사람이라면 자신을 통해 나라를 이루고 자신의 후손들에게 나라를 물려 준다는 것은 분명 욕심나는 일이겠지요.

이처럼 하나님께서는 지금 모세 한 사람을 통해 큰 나라를 이루겠다고 하시는 것입니다. 그러나 모세는 오히려 악한 이스라엘 백성들을 구하기 위해 자신의 생명을 걸었습니다.

"슬프도소이다 이 백성이 자기들을 위하여 금신을 만들었사오니 큰 죄를 범하였나이다 그러나 합의하시면 이제 그들의 죄를 사하시옵소서 그렇지 않사오면 원컨대 주의 기록하신 책에서 내 이름을 지워 버려 주옵소서"(출 32:31-32)

여기서 주의 기록하신 책이란 구원받은 영혼들을 기록한 생명책을 말합니다. 생명책에 이름이 기록되지 않은 사람은 영원한 불과 유황의 지옥으로 떨어지게 되지요.

하나님과 밝히 교통하였던 모세는 생명책에서 이름이 지워진다는 것이 무엇을 의미하며 지옥이 얼마나 두려운지 누구보다 잘 알았지만 백성들을 위해 자신의 영혼을 걸고 하나님께 강청하는 것입니다. 이토록 절박한 그의 간구를 통해 하나님께서는 다시 한 번 백성들을 용서하셨습니다.

시편의 기록을 통해 우리는 당시 이스라엘 백성들이 얼마나 모세의 마음을 아프게 했는지 알 수 있지요.

"저희가 광야에서 그를 반항하며 사막에서 그를 슬프게 함이 몇 번인고"(시 78:40)

이는 오늘날도 마찬가지입니다. 세상 의학으로 도저히 치료할 수 없는 중한 질병을 하나님의 은혜로 치료받거나 갖가지 인생의 문제를 해결받은 사람이 시간이 지나면 '우연이겠지.' 하고 의심하며 떠나 버리는 것입니다. 이는 하나님을 심히도 슬프게 하는 일이지요.

다시 세우신 언약과 성막 준공

하나님의 긍휼로 어느 정도 사건이 진정되자, 모세는 처음 주셨던 돌판과 같이 스스로 돌을 깎아 시내 산에 오른 뒤 다시금 40일 금식하며 십계명을 돌판에 새겨 받았습니다.

이후 모세는 백성들에게 돌아와 회중을 소집하여 하나님의 성막을 위하여 예물을 드리되 오직 자원하는 마음으로 드릴 것을 공포합니다.

"너희의 소유 중에서 너희는 여호와께 드릴 것을 취하되 무릇 마음에 원하는 자는 그것을 가져다가 여호와께 드릴지니"(출 35:5)

모세의 말이 떨어지기가 무섭게 이스라엘 백성들은 자신의 장막으로 가서 하나님께 드릴 예물을 준비하였습니다. 어떤 사람은 자신의 귀고리와 가락지를, 어떤 사람은 염소 털과 숫양의 가죽을 가져왔으며, 어떤 여인들은 염소 털로 실을 짜서 가져왔습니다.

"무릇 마음이 감동된 자와 무릇 자원하는 자가 와서 성막을 짓기 위하여, 그 속에서 쓸 모든 것을 위하여, 거룩한 옷을 위하여 예물을 가져 여호와께 드렸으니"(출 35:21)

누구나 즐거운 마음으로 가져오니 성막을 짓고도 남을 만큼 예물이 크게 넘쳐나 오히려 그만 가져오라고 할 정도였습니다. 이처럼 하나님께서는 어느 때나 자원하여 즐거이 드리는 예물을 기뻐 받으십니다.

혹여 오늘날 성전을 크게 짓는 교회들을 향하여 "그 돈으로 구제하는 것이 낫겠다."며 비난하지만, 하나님의 성막 곧 성전을 한두 사람이 아닌 전체의 힘으로 건축하는 것은 매우 중요한 일입니다.

드디어 이스라엘 백성들은 하나님께서 명하신 성막을 만들기 시작합니다. 먼저, 성막을 세운 뒤 언약궤와 상과 등대를 만들고 분향단과 번제단을 만들고 제사장의 옷을 만들었습니다.

이제 하나님께서 명하신 성막을 위한 준비를 마치고 봉헌할 때가 되었습니다. 모세는 성막 안에 증거궤를 들여 놓고 상을 놓은 뒤 그 위에 물품을 진설하고 등대에 불을 켜는 등 모든 기물을 갖추었습니다. 또한 제사장 아론과 그 아들들을 씻기고 거룩한 옷을 입혔지요.

이때 구름이 성막에 덮이고 하나님의 영광이 충만하였습니다. 그 뒤 낮에는 하나님의 구름이 성막 위에 있고 밤에는 불이 구름 가운데 있음을 보고 온 백성이 하나님을 느낄 수 있었지요. 또한 구름이 성막 위에 떠오르면 이스라엘 자손들이 길을 떠나고 구름이 떠오르지 않으면 그 자리에 머물렀습니다(출 40:36-38).

물론 하나님께서는 애굽에서부터 지금까지 불기둥과 구름기둥으로 인도해 오셨지만, 성막을 봉헌한 후에는 성막 위에 머물므로 더욱 뚜렷하게 이스라엘 백성들로 하여금 하나님의 임재하심을 느낄 수 있게 하신 것입니다.

이것은 이후 솔로몬 왕 당시 건축되어진 성전에도 상징적으로 나타나 있습니다. 솔로몬 왕은 성전을 건축하면서 야긴과 보아스라 하는 두 기둥을 세우는데, 이것은 곧 광야시절 구름기둥과 불기둥으로 자신들의 조상을 애굽에서 인도하여 내신 하나님의 능력을 의미하는 것이지요.

하나님의 사람을 대적하는 죄

하나님께 계명을 받고 성막을 이루었다 해서 이스라엘 백성들이 온전히 변화된 것은 아닙니다. 아직도 어려움이 찾아오면 모세를 원망하고 자신들의 생각에 맞지 않을 때는 오히려 모세를 불의하다고 비난하는 일까지 있었습니다.

일례로, 모세가 구스 여인을 취한 일로 모세의 형과 누이인 아론과 미리암이 모세를 비방합니다. 민수기 12장 2절에 "여호와께서 모세와만 말씀하셨느냐 우리와도 말씀하지 아니하셨느냐" 하며 자신들도 하나님의 선지자이므로 모세의 잘못을 책망할 권세가 있다는 것입니다. 만약 미리암과 아론의 말처럼 모세가 하나님의 뜻을 거스르고 그들이 더 의로웠다면 하나님께서 모세를 대신하여 그들을 택하셨을 것입니다.

그러나 하나님께서는 모세를 택하셨지요. 뿐만 아니라 온 집에 충성되고 하나님의 마음에 합당한 모세를 비방했던 미리암과 아론을 용납하지 않으셨습니다.

"내 말을 들으라 너희 중에 선지자가 있으면 나 여호와가 이상으로 나를 그에게 알리기도 하고 꿈으로 그와 말하기도 하거니와 내 종 모세와는 그렇지 아니하니 그는 나의 온 집에 충성됨이라 그와는 내가 대면하여 명백히 말하고 은

밀한 말로 아니하며 그는 또 여호와의 형상을 보겠거늘 너희가 어찌하여 내 종 모세 비방하기를 두려워 아니하느냐"(민 12:6-8)

결국 하나님께서 모세를 비방한 미리암과 아론을 진노하심으로 미리암에게 문둥병이 발하였습니다.

모세가 이 일로 하나님께 고쳐 주시기를 간구했지만, 하나님께서는 미리암을 7일간 진 밖에 머무르게 하신 뒤에야 치료해 주셨습니다. 이처럼 하나님의 사람을 비방하는 것은 결코 작은 죄가 아닙니다.

그런데 오늘날은 자기의 생각 가운데 하나님의 뜻대로 행하는 사람이나 교회를 판단하고 비난하는 사람이 많은 것을 봅니다. 예를 들어, 하나님의 나라를 이루는 교회가 커지면 '상업주의'라고 하거나 권능을 행하며 복음을 증거하는 사람들에 대해 애매한 말로 비난하는 것이지요.

혹은 불의한 일을 행한 것처럼 말을 지어내면서까지 교회를 비방하는 사람도 있습니다. 이는 자칫 하나님의 나라를 훼방하는 참으로 큰 죄가 될 수 있습니다.

젖과 꿀이 흐르는 가나안 땅을 향해 가는 동안 이스라엘 백성들은 수많은 기사와 표적들을 보았지만 하나님과 하나님의 사람 모세를 끊임없이 시험하며 원망했습니다. 그러나 하나님께서는 참고 또 참으시며 이스라엘 백성들의 믿음이 자랄 수 있도록 수많은 권능으로 역사하셨지요. 오직 모세 한 사람의 믿음을 통해 역사해 주셨던 것입니다.

또한 놀라운 권능을 행하실 때마다 "나는 여호와 너희의 하나님인 줄 알리라"(출 16:12) 말씀하시며 그들이 하나님의 권능을 목도함으로 믿음이 장성하기를 간절히 기대하셨지요. 전능하신 하나님의 역사들을 체험함으로 하나님을 알고 믿으며, 마음 중심에서 순종할 수 있도록 이끌어 주셨다는 사실입니다.

여기서 하나님을 안다는 것은 단지 지식적으로 아는 것이 아닙니다. 요한일서 2장 4절에 "저를 아노라 하고 그의 계명을 지키지 아니하는 자는 거짓말하는 자요 진리가 그 속에 있지 아니하되" 했으니, 하나님을 안다는 것은 모든 죄악을 벗어 버리고 빛 되신 하나님을 닮아 가는 것입니다.

그러므로 광야의 여정은 이스라엘 백성들에게 꼭 필요한 시간이었습니다. 출애굽의 지도자 모세를 통해 무수한 권능의 역사들을 보고 하나님의 인도를 받은 이스라엘 백성들은 우여곡절 끝에 마침내 가데스 바네아에 이르렀습니다. 그토록 사모하던 가나안 입성을 바로 눈앞에 둔 것입니다.

여호와께서 우리를 기뻐하시면

4

포도 한 송이 달린 가지를 베어
둘이 막대기에 꿰어 메고 또 석류와 무화과를 취하니라
…
과연 젖과 꿀이 그 땅에 흐르고 이것은 그 땅의 실과니이다
(민 13:23-27)

이스라엘 백성들은 출애굽한 지 1년이 넘어서야 비로소 약속의 땅 가나안의 문턱에 이르렀습니다. 원래 애굽에서 가나안까지는 지름길로 가면 며칠이면 갈 수 있는 거리입니다. 많은 백성들을 이끌고 간다 해도 한두 달이면 갈 수 있는 거리이지요.

그러나 하나님께서는 비록 멀리 돌아가야 했지만 비교적 안전한 광야 길로 인도하셨습니다. 이는 블레셋이라는 다른 민족과의 마찰을 피하고자 함이었지요.

200만 명이 넘는 한 민족이 수많은 가축들을 끌고 다른 민족의 땅을 통과해 간다고 가정해 보십시오. 어느 민족이 그것을 선뜻 허락하려

하겠습니까. 침략하려는 목적이 아니더라도 많은 불편과 충돌을 예상할 수 있는 것입니다.

이처럼 광야를 가는 노중에 며칠 혹은 몇 달씩 머물러 있는 때도 있었습니다. 민수기 9장 22절에 "이틀이든지 한 달이든지 일 년이든지 구름이 성막 위에 머물러 있을 동안에는 이스라엘 자손이 유진하고 진행치 아니하다가 떠오르면 진행하였으니" 말씀한 대로 구름기둥이 앞서서 인도하지 않으면 이스라엘 백성들도 행보를 멈추었던 것입니다.

이러한 과정 속에서 어려움을 만날 때마다 모세를 통해 하나님의 권능을 보게 하심으로 믿음을 가질 수 있는 기회를 계속해서 주셨습니다. 가나안 땅에 들어가기 위해서는 이스라엘 전체의 믿음이 필요했기 때문입니다. 하나님의 강권하심 가운데 모세 한 사람의 믿음으로 출애굽하였다 해도 가나안 거민들과의 전쟁에서 승리하고 그 땅을 정복하기 위해서는 이스라엘 백성들의 믿음이 성장해야 했습니다.

가데스 바네아에서 열두 정탐꾼 파견

드디어 이스라엘 백성들은 가나안 땅의 바로 아래 지역인 가데스 바네아에 도착했습니다. 하나님께서는 모세에게 이스라엘 열두 지파에서 각각 한 사람씩 족장을 뽑아 40일 동안 가나안 땅을 탐지하게 하십니다.

이미 다른 민족이 정착해 있었으므로 그곳에 들어가기 위해서는 현재 살고 있는 부족들의 현황을 비롯하여 토질이나 지형 등 여러 가지 정보를 미리 파악해 두어야 했던 것입니다. 이것이 바로 가나안 땅에 들어가기 위한 테스트의 시작이었습니다.

우리가 하나님의 축복을 받기 위해서는 반드시 축복받을 그릇을 준비해야 합니다. 물론 우리가 받는 모든 축복은 하나님의 은혜이지만 믿음이 자라는 만큼 스스로 축복받을 자격을 갖춰야 하는 것입니다.

예를 들어, 믿음의 조상 아브라함도 연단을 통해 하나님의 뜻에 합당한 사람으로 나왔지만 하나님께서 그냥 축복을 주신 것이 아닙니다. 성경을 상고해 보면 백 세에 얻은 독자 이삭을 바치는 시험을 통과하여 그의 믿음이 어떠한지를 증명했을 때에야 복의 근원이 되는 축복을 주셨던 것을 알 수 있지요(창 22:16-18).

이제 각 지파를 대표하여 세워진 열두 명의 족장들은 가나안 땅을 정탐한 후에 자신들의 믿음을 내보여야 하는 상황이 되었습니다. 가나안 입성을 목전에 둔 상황에서 이스라엘 백성들이 이들에게 거는 기대는 참으로 컸을 것입니다. 약속의 땅을 자신들의 눈이 되고 귀가 되고 마음이 되어 탐지하고 돌아오기를 간절히 바랐겠지요.

모세는 정탐을 위해 떠나는 그들에게 당부의 말을 잊지 않았습니다.

"너희는 남방 길로 행하여 산지로 올라가서 그 땅의 어떠함을 탐지하라 곧 그 땅 거민의 강약과 다소와 그들의 거하는 땅의 호불호와 거하는 성읍이 진영인지 산성인지와 토지의 후박과 수목의 유무니라 담대하라 또 그 땅 실과를 가져오라"
(민 13:17-20)

그들은 40일 동안 가나안 땅을 두루 다니며 탐지했는데 하나님의 말씀대로 과연 그 땅은 젖과 꿀이 흐르는 땅이었습니다. 토질은 비옥하고 과일과 소산들이 너무나 탐스러웠지요.

예루살렘 서남쪽에 위치한 헤브론의 에스골 골짜기에 이르렀을 때 너무나도 탐스런 포도송이를 보았습니다. 모세가 실과를 가져오라고 명한 대로 정탐꾼들은 포도 한 송이를 가지 채 잘랐으나 어찌나 송이가 크던지 장정 두 사람이 막대기에 꿰어 멜 정도였습니다. 그들은 또 석류와 무화과도 취하였지요.

그러나 문제는 그 땅 거민들이었습니다. 당시 가나안 땅에는 여러 이방 족속이 살고 있었는데 그들은 기골이 장대(壯大)하며 너무나 건장하였습니다. 마치 네피림의 후손 아낙 자손 대장부와 같았지요.

네피림은 헬라어로 큰 사람을 의미하는데 그들이 얼마나 컸던지 자신들과 비교하여 보니 스스로 메뚜기와 같이 작고 하찮게 여겨질 정도였습니다. 다윗과 겨루었던 블레셋 사람 골리앗이 여섯 규빗 한 뼘, 곧 2m 90㎝로 약 3m에 가까웠던 것을 떠올려 본다면 가나안 거민들의 몸집이 어떠했으리라는 것을 짐작해 볼 수 있습니다.

몸집이 큰 만큼 그들의 성읍 역시 크고 성곽은 하늘에 닿을 듯이 보였지요(신 1:28). 열두 명의 정탐꾼 중에 열 명은 이러한 현실을 보고 그만 낙담하고 말았습니다.

열두 정탐꾼들의 상반된 고백

가나안 정탐을 마치고 돌아온 족장들의 보고를 들은 백성들은 차츰 술렁이기 시작했습니다. 그때 두려워하는 백성들을 향해 정탐꾼 중에 한 사람인 여분네의 아들 갈렙이 나서서 백성을 진정시키며 "우리가 올라가서 그 땅을 취합시다. 능히 이길 수 있습니다!"라고 담대히 말했지요.

그러나 돌아오는 것은 다른 정탐꾼들의 혹독한 비평이었습니다.

"우리는 능히 올라가서 그 백성을 치지 못하리라 그들은 우리보다 강하니라
… 우리가 두루 다니며 탐지한 땅은 그 거민을 삼키는 땅이요 거기서 본 모
든 백성은 신장이 장대한 자들이며 거기서 또 네피림 후손 아낙 자손 대장부들
을 보았나니 우리는 스스로 보기에도 메뚜기 같으니 그들의 보기에도 그와
같았을 것이니라"

(민 13:31-33)

이스라엘 백성들은 갈렙의 말보다 열 명의 정탐꾼이 들려 주는 부정
적이고 절망적인 보고를 들으며 크게 낙심하고 말았습니다.
'애굽에서 떠나 어떻게 여기까지 왔는데, 가나안 땅에 들어갈 수 없
다면 이 풀 한 포기 자라기 힘든 광야에서 어찌해야 한단 말인가.'
이스라엘 백성들은 깊은 절망 가운데 모세와 아론을 원망하며 하나
님 앞에 불평하기 시작했습니다.

"우리가 애굽 땅에서 죽었거나 이 광야에서 죽었더면 좋았을 것을 어찌하여 여
호와가 우리를 그 땅으로 인도하여 칼에 망하게 하려 하는고 우리 처자가 사
로잡히리니 애굽으로 돌아가는 것이 낫지 아니하랴"(민 14:2-3)

밤새 탄식하며 통곡하던 이스라엘 백성들은 결국 "한 장관을 세우고
애굽으로 돌아가자."는 계획까지 세우게 됩니다. 이런 급박한 상황 속
에서 마음이 타들어가는 사람이 있었습니다.
열두 정탐꾼 중에 여호수아와 갈렙 두 사람만은 백성들의 믿음 없는
행함을 보고 애통하며 옷을 찢으며 호소하기 시작합니다.

"우리가 두루 다니며 탐지한 땅은 심히 아름다운 땅이라 여호와께서 우리를 기뻐하시면 우리를 그 땅으로 인도하여 들이시고 그 땅을 우리에게 주시리라 이는 과연 젖과 꿀이 흐르는 땅이니라 … 그 땅 백성을 두려워하지 말라 그들은 우리 밥이라 그들의 보호자는 그들에게서 떠났고 여호와는 우리와 함께하시느니라" (민 14:7-9)

여호수아와 갈렙의 진실한 믿음의 고백은 이미 마음이 상해 버린 백성들에게 아무런 소용이 없었습니다. 오히려 그들을 돌로 치려고까지 합니다. 당장 현실의 어려움을 견딜 수 없었던 것이지요.

그러나 믿음의 사람들은 눈에 보이는 현실을 보고 살아가는 것이 아닙니다. 오직 하나님의 뜻이 어디에 있는가를 깨달으며 전능하신 하나님께서 함께하시면 능히 이룰 수 있다는 믿음의 고백과 행함으로 나아가는 것이지요.

시편 37편 4절을 보면 "또 여호와를 기뻐하라 저가 네 마음의 소원을 이루어 주시리로다" 말씀하셨고, 히브리서 11장 6절에는 "믿음이 없이는 기쁘시게 못하나니 하나님께 나아가는 자는 반드시 그가 계신 것과 또한 그가 자기를 찾는 자들에게 상 주시는 이심을 믿어야 할지니라" 말씀하셨습니다.

믿음의 고백과 행함으로 전능하신 하나님을 기쁘시게 하면 하나님의 능력으로 불가능이 가능으로 바뀌게 됩니다. 그러나 이스라엘 백성들은 그토록 많은 하나님의 역사를 체험했으면서도 여호수아와 갈렙 두 사람 외에는 하나님을 기쁘시게 하는 믿음의 테스트에서 떨어지고 말았습니다.

하나님을 멸시한 이스라엘 백성들

하나님께서는 여전히 믿지 못한 채 원망하고 불평하는 이스라엘 백성들을 향해 진노하시며 전염병으로 쳐서 멸하겠다고 말씀하셨습니다.

"이 백성이 어느 때까지 나를 멸시하겠느냐 … 내가 전염병으로 그들을 쳐서 멸하고 너로 그들보다 크고 강한 나라를 이루게 하리라"(민 14:11-12)

"구하옵나니 주의 인자의 광대하심을 따라 이 백성의 죄악을 사하시되 애굽에서부터 지금까지 이 백성을 사하신 것같이 사하옵소서"(민 14:19)

가나안 땅에 대한 소망은 물거품처럼 사라지고 말았습니다. 모세의 중보기도로 생명을 건질 수 있었지만, 출애굽 1세대 중에서는 믿음의 고백을 한 여호수아와 갈렙을 제외하고는 한 사람도 가나안 땅에 들어가지 못하게 된 것입니다.

"우리가 애굽 땅에서 죽었거나 이 광야에서 죽었더면 좋았을 것"이라던 입술의 고백대로 광야에서 죽게 되었지요. 그리하여 가나안 땅에 대한 하나님의 약속은 아직 이십 세가 되지 않은 그 후손들에게로 옮겨졌고, 그들 역시 부모의 죄로 인해 40년간 광야에서 유리하게 된 것입니다.

이는 열두 정탐꾼이 가나안 땅을 탐지한 40일을 각각 1년씩으로 환산한 것이며 가나안 땅을 정탐하고 와서 악평함으로 백성들로 하여금 원망과 탄식하게 했던 열 명의 정탐꾼은 재앙으로 죽고 말았습니다(민 14:36-38).

그러므로 입술의 고백이 얼마나 중요한지를 깨우쳐 결단코 함부로 말하는 일이 없어야 하겠습니다. 또한 항상 정직하고 정확하게 말하되, 부정적인 말보다는 긍정적인 믿음의 고백이 매우 중요합니다.

하나님께서는 열 재앙을 통해 이스라엘을 애굽에서 건져 주셨으며, 홍해를 갈라 마른 땅처럼 건너게 하신 분입니다. 광야에서는 쓴 물이 단 물이 되게 하시고, 만나와 메추라기를 주시며, 반석에서 물을 내기도 하셨지요. 낮에는 구름기둥과 밤에는 불기둥으로 인도하심으로 약속하신 가나안 땅 앞에 이르렀는데도 이스라엘 백성들의 악함과 믿음 없음은 처음 애굽에서 나올 때와 전혀 다를 바가 없었던 것입니다.

고달픈 40년 광야 생활의 시작

이스라엘 백성들은 모세를 통해 진노하신 하나님의 말씀을 듣고 열 명의 정탐꾼이 재앙으로 죽은 후에야 후회하며 슬퍼하기 시작했습니다.

"아침에 일찍이 일어나 산꼭대기로 올라가며 가로되 보소서 우리가 여기 있나이다 우리가 여호와의 허락하신 곳으로 올라가리니 우리가 범죄하였음이니이다"
(민 14:40)

그리고 지금이라도 가나안 거민들이 사는 성읍을 공격해 들어가겠다고 고백하지만 이미 때는 늦었습니다. 이들이 범죄함으로 인해 하나님께서 함께하지 않으신다는 사실을 잘 알기에 모세는 "이 일이 형통치 못하리라." 하며 백성들을 만류했습니다.

"여호와께서 너희 중에 계시지 아니하니 올라가지 말라 너희 대적 앞에서 패할 까 하노라 아말렉 인과 가나안 인이 너희 앞에 있으니 너희가 그 칼에 망하리라 너희가 여호와를 배반하였으니 여호와께서 너희와 함께하지 아니하시리라"

(민 14:42-43)

이러한 모세의 말을 듣고도 이스라엘 백성들은 가나안 산지를 향해 공격해 들어갔는데 결과는 처참한 패배였습니다. 무조건 가나안을 향해 들어간다 해서 그것을 순종이라 할 수도 없고 믿음이라 할 수도 없기 때문입니다.

예를 들면, 대학 입시에 떨어진 학생이 시험이 끝난 후에 정답을 알았다 해서 대학교에 입학할 수 있을까요? 그런 경우는 없습니다. 다시 1년을 공부해서 실력을 쌓은 후에 응시하여 문제를 풀어내야 비로소 실력을 인정받게 됩니다.

이와 마찬가지로 이스라엘 백성들이 가나안 산지로 올라간다고 해서 전날까지 없었던 믿음이 생긴 것이 아니라 믿음 있는 시늉만 했을 뿐이라는 사실입니다. 오히려 그들로서는 무턱대고 가나안 땅을 향해 갈 것이 아니라 철저하게 자신들의 악함을 회개하고 정녕 영적인 믿음을 소유함으로 순종하겠다는 결단이 필요한 상황이었습니다.

만일 중심에서 회개했다면 상황은 달라질 수도 있었지만, 그들의 이러한 행동은 참된 회개의 마음으로 한 것이 아니었습니다. 당장의 징계를 모면하고 자신들의 잘못을 무마하려는 마음으로 또 한 번의 불순종을 낳은 것입니다. 이로 인해 이스라엘 백성들은 뼈저린 패배의 아픔을 맛보았고, 결국 40년 동안 고달픈 광야 생활을 시작하게 되었습니다.

혹 이스라엘 백성들의 모습이 답답하게 느껴지는지요? 오늘날 많은 사람들이 이스라엘 백성들과 크게 다를 바 없다는 사실입니다.

하나님께서는 죄로 인해 사망으로 가는 우리에게 독생자를 보내심으로 죄를 대속하시며, 구원의 길로 인도해 주셨습니다. 그런데 많은 사람들이 하나님을 믿는다 하면서도 어떤 어려운 문제에 직면하게 되면 그 은혜를 잊어버리고 얼마나 원망하고 불평합니까.

출애굽 1세대는 광야에서 유리하는 징계를 받고서도 여전히 회개하고 돌이키지 못했습니다. 끝내 마음에서 악을 버리지 못했으며 믿음을 가지지도 못했던 것이지요. 이들의 악한 마음은 이스라엘 전체에 재앙이 임하는 또 하나의 큰 사건을 일으키고 마는데, 바로 고라 일당의 반역입니다.

고라 일당의 반역

하나님의 말씀대로 광야로 들어간 이스라엘 백성들은 오랜 세월 동안 유리하는 생활이 너무나 싫어졌습니다. 그러던 중, 레위 지파의 한 사람이었던 고라가 이스라엘 백성들을 미혹하여 모세를 대적하기에 이르렀던 것입니다.

고라는 모세의 사촌 형으로 자신도 레위 지파요, 모세보다 못할 것이 없는 사람인데 모세와 아론이 하나님의 사람으로서 제사장의 권세를 갖고 있는 것이 못마땅했습니다. 그래서 유력한 족장들 중 250명을 꾀어 그들과 함께 모세를 대적하는 것을 볼 수 있지요.

"너희가 분수에 지나도다 회중이 다 각각 거룩하고 여호와께서도 그들 중에 계시거늘 너희가 어찌하여 여호와의 총회 위에 스스로 높이느뇨" (민 16:3)

  젖과 꿀이 흐르는 땅

모세와 아론이 무엇이기에 자신들의 지도자가 되느냐는 말이지요. 게다가 고라와 함께 당을 지은 다단과 아비람은 "네가 우리를 젖과 꿀이 흐르는 땅에서 이끌어 내어 광야에서 죽이려 함이 어찌 작은 일이기에 오히려 스스로 우리 위에 왕이 되려 하느냐"는 기막힌 말을 합니다. 가나안 땅에 들어가지 못한 것을 모세의 탓으로 돌렸던 것입니다.

이 일로 모세가 하나님 앞에 엎드리자 하나님께서는 모세와 아론에게 백성들을 순식간에 멸할 것이니 그들에게서 떠나라고 말씀하십니다(민 16:21). 그러자 "하나님이여 모든 육체의 생명의 하나님이여 한 사람이 범죄하였거늘 온 회중에게 진노하시나이까" 하며 용서를 구합니다. 하나님께서는 모세를 보시고 친히 문제를 해결해 주셨습니다.

모세를 통해 고라와 다단과 아비람의 죽음을 예언하는 말이 떨어지는 즉시 그들에게 속한 일족이 거한 땅이 갈라지면서 산 채로 음부에 빠지고 말았던 것입니다. 고라의 가족과 그에게 속한 모든 사람과 물건까지 모두 땅 속으로 들어간 후 땅이 다시 합쳐졌습니다.

고라와 함께 당을 지었던 250명의 족장들 역시 분향하는 향로에서 나온 불로 인해 일시에 죽고 말았지요. 일이 이 정도이면 하나님의 뜻이 어디에 있는가를 깨우칠 수 있을 것입니다. 그러나 이스라엘 백성들은 오히려 모세와 아론에게 "너희가 여호와의 백성을 죽였도다." 하며 원망하였습니다.

만약 그들이 광야에 유리하는 징계를 받았을 때 자신들의 악함을 진심으로 뉘우치고 회개했었다면 하나님의 사람 모세를 대적하며 망령된 말을 하는 고라 일당에게 동조하지 않았을 것입니다.

그러나 여전히 마음의 악은 버리지 않고 끝내 하나님을 대적하니 염병이 시작되고 일만 사천칠백 명이 죽었습니다.

아론의 싹 난 지팡이와 놋뱀

오래 참고 기다리시는 하나님께서는 이러한 백성들을 다시 한 번 깨우쳐 주시고자 한 가지 방안을 마련하십니다.

이스라엘 각 지파의 족장들과 아론에게서 지팡이를 하나씩 취하여 각각의 이름을 적은 후에 그것들을 하나님의 성막 안에 두게 하십니다. 하나님께서 택하신 사람의 지팡이에는 그 밤에 싹이 나게 하심으로 표징을 삼으시겠다는 것이지요.

원래 지팡이는 죽은 나무를 자르고 다듬어서 만든 것인데 여기서 어떻게 싹이 나겠습니까? 그러나 하나님께서 역사하시니 하룻밤 동안에 마른 지팡이에서 싹이 났을 뿐만 아니라 잎이 나고 꽃이 피어 살구 열매가 맺히게 되었습니다.

그 지팡이의 주인은 말할 것도 없이 모세의 대언자 아론이었습니다. 이는 하나님께서 모세와 아론과 함께하신다는 것을 단적으로 보여 주신 것입니다. 어찌하든 이스라엘 백성들에게 믿음을 심어 주시려고 이렇게까지 증거를 나타내 주셨던 것이지요.

그러나 이런 표징도 소용이 없었습니다. 이후로도 이스라엘 백성들은 마실 물이 떨어지거나 매일 먹는 만나에 싫증이 나면 전에 그랬던 것처럼 원망과 불평을 합니다.

"우리 형제들이 여호와 앞에서 죽을 때에 우리도 죽었더면 좋을 뻔하였도다 … 너

회가 어찌하여 우리를 애굽에서 나오게 하여 이 악한 곳으로 인도하였느냐 이곳에
는 파종할 곳이 없고 무화과도 없고 포도도 없고 석류도 없고 마실 물도 없도다"
(민 20:3-5)

심지어 하나님께서 내려 주신 만나를 '박한 식물'이라 하며 하나님의 은혜를 멸시하였습니다(민 21:5). 이에 하나님의 진노가 임하여 치명적인 독을 가진 불뱀들이 나와 많은 백성들이 물려 죽었고 백성들은 그제야 모세에게 회개하였지요.

모세가 백성들을 위해 기도하자 하나님께서는 재앙을 모면할 방법을 알려 주셨습니다. 곧 놋뱀을 만들어 장대에 매달게 하셨던 것입니다. 그래서 이것을 바라보는 사람은 불뱀에 물렸다 해도 생명을 건질 수 있었습니다. 모세의 말을 듣고 순종하여 바라보는 작은 행함이라도 믿음으로 인정하시고 역사해 주셨기 때문입니다.

이때 광야에 없었던 불뱀이 갑자기 나타난 것이 아닙니다. 광야에는 뱀뿐만 아니라 치명적인 독을 가진 전갈이나 독충도 많이 있지요. 다만 하나님께서 전폭적으로 지켜 주셨기에 그들에게 근접하지 못했던 것입니다. 그런데 이들이 하나님을 원망함으로 범죄하니 하나님께서 더 이상 지켜 주시지 않음으로 해를 입게 되었지요.

흔히 사람들은 사고나 질병을 비롯하여 어떤 어려움을 만나거나 불통한 상황이 되면 자신의 팔자를 한탄하며 우연으로 돌리는 경우가 있습니다. 그러나 이스라엘 백성들이 불뱀에 물린 원인과 해결점을 모두 하나님으로부터 찾아야 했던 것처럼, 어떤 문제가 생겼을 때는 반드시 지킴받지 못한 원인이 있다는 사실입니다.

따라서 이스라엘 백성들이 자신들의 범죄를 회개하고 모세에게 나왔던 것처럼 자신의 잘못을 회개하고 하나님께 나와야 합니다. 회개하고 죄의 담을 헐며 하나님 말씀대로 살아갈 때 어떠한 문제라도 해결받을 수 있는 것이지요.

여기서 장대에 매달린 놋뱀을 바라보았다는 것은 "모세가 광야에서 뱀을 든 것같이 인자도 들려야 하리니 이는 저를 믿는 자마다 영생을 얻게 하려 하심이니라"(요 3:14-15) 하신 말씀대로 장차 율법의 저주에서 우리를 구원하실 예수 그리스도에 대한 예표입니다.

하나님의 명령에 순종하여 놋뱀을 본 사람들은 멸망받지 않았던 것처럼, 죄로 인해 사망의 길로 가던 영혼들이 십자가에 달리신 예수님을 주로 믿고 영접할 때 구원받고 생명을 얻게 됨을 나타내 줍니다.

요단 동편 땅 정복과 발람 사건

어느덧, 시간은 흘러 모세의 형이자 대언자로 출애굽의 전 과정을 함께했던 아론도 호르 산에 이르러 수명을 다한 후였습니다.

하나님께서 말씀하신 40년의 기한이 거의 차 가고 이제 고된 광야의 여정을 마치고 약속의 땅을 향해 나아갈 때가 가까웠습니다.

이를 위해 이스라엘 백성들은 요단 동편에 이르러 아모리 왕 시혼과 바산 왕 옥과의 전투를 치렀습니다. 그 땅을 통과하고자 했으나 그 땅 거민들이 허락지 않으므로 빚어진 전쟁에서 하나님께서 함께하시니 이스라엘 백성들은 순조롭게 요단 동쪽 지역을 점령할 수 있었지요.

그 후 이스라엘 백성들이 남하하여 요단 건너편 모압 평지에 진 쳤을 때의 일입니다.

모압 왕 발락은 이스라엘 백성들이 아모리 왕의 땅과 바산 왕의 땅을 점령하고 모압 평지에 진을 치자, 두려움과 위기감을 느끼게 되었습니다. 많은 번민 끝에 발락은 서둘러 메소포타미아 브돌 강변에 사는 발람에게 사자를 보내어 이스라엘을 저주해 달라고 요청을 합니다.

발람은 비록 이방인으로 복술을 하였으나 하나님과 교통하는 길을 알았기 때문이지요. 처음 발람은 하나님의 뜻이 어디에 있는지 기도했을 때 "너는 그들과 함께 가지도 말고 그 백성을 저주하지도 말라. 그들은 (이스라엘 백성은) 복을 받은 자니라."고 응답을 받았습니다.

이에 모압 왕 발락의 청을 거절했지만, 또다시 금은 보화를 가득 준비하여 더 높은 귀인들 편에 보내옵니다. 거듭되는 강청에 발람 선지자는 마음이 흔들렸고 다시 하나님의 뜻을 여쭈었지요.

그러자 하나님께서는 모압 왕에게 가도록 허락하셨습니다. 이는 하나님께서 뜻을 변개하신 것이 아니라 발람이 욕심으로 인해 하나님의 뜻을 거역하려는 간사한 마음이 있음을 아시고 원하는 대로 가게 하신 것입니다. 노중에 하나님께서는 그가 타고 다니던 나귀의 입을 열어 그의 행동이 옳지 못함을 알려 주기까지 하셨지만 끝내 돌이키지 않았습니다.

물론 발람이 발락에게 왔다 해도 처음부터 이스라엘 백성들을 저주한 것은 아닙니다. 발락은 융숭하게 영접하며 바알의 산당에 올라 이스라엘 백성들을 향해 저주의 예언을 해 줄 것을 요청하였으나 발람은 하나님의 뜻을 따라 오히려 축복하였지요.

혹시나 하는 마음에 비스가 산, 브올 산 꼭대기로 장소를 옮겨가며 네 차례나 저주를 부탁했지만, 발람은 오로지 이스라엘을 축복할 뿐이었습니다.

도무지 하나님의 뜻을 거스르고 이스라엘 백성들을 저주할 수 없었던 발람은 재물을 차지하고 싶은 욕심에 한 가지 꾀를 생각해 냅니다. 이스라엘 백성들을 범죄케 함으로 하나님께서 외면하실 수밖에 없도록 만들자는 것이었습니다.

곧 모압이 섬기던 신들에게 제사할 때에 이스라엘 백성들을 초청하게 한 것입니다. 이에 모압 땅으로 초대받은 이스라엘 백성들은 우상 앞에 절하고 그 제물을 먹고 마시며 이방 여인들의 유혹에 넘어가 음행함으로 결국 하나님 앞에 범죄하였고, 이로 인해 큰 염병이 돌아 많은 사람이 죽고 말았습니다.

성경은 이러한 발람을 불의의 삯을 사랑하여 사망의 길로 갔던 대표적인 사람으로 언급하며 사람들에게 경계로 삼고 있습니다. 물론 처음부터 발람이 하나님의 뜻을 거스렸던 것은 아닙니다. 재물의 유혹을 이기지 못하고 차츰 마음을 빼앗기니 종국에는 타락해 버린 것이지요.

오늘날도 돈을 사랑함으로 세상과 적당히 타협하며 하나님 앞에 죄를 짓는 경우가 많습니다. 일례로, 물질에 대한 욕심 때문에 하나님의 계명을 어기고 주일을 지키지 않거나 십일조를 아까워하며 도적질하는 경우이지요. 그러나 세상과 타협하고 하나님보다 다른 것을 더 사랑하는 것은 하나님 앞에 영적인 간음이라는 사실입니다.

결국 어리석은 발람은 당장 많은 재물을 얻었지만 얼마 있지 않아 이스라엘 자손들에게 죽임을 당하는 비극적인 최후를 맞았습니다. 발람의 악한 꾀로 약간 늦어지긴 했지만 이스라엘은 이내 요단 동편을 정복하였고 그 땅은 르우벤과 갓, 므낫세 반 지파가 모세에게 요청하여 차지하게 됩니다.

이제 출애굽 당시의 아이들이 장성하여 어른이 되었고 이스라엘을 이끌어 가는 주축을 이루게 되었습니다. 출애굽 1세대의 모든 백성들은 가데스 바네아에서 하나님을 원망함으로 광야에서 죽었으며, 모세와 아론 역시 그들의 머리된 책임을 지고 가나안에 들어갈 수 없었습니다.

그러나 오직 여호수아와 갈렙 두 사람만은 다음 세대의 백성들과 함께 가나안에 들어가리라는 약속을 받았습니다. 두 사람은 수많은 권능을 보고도 강퍅하여 광야에서 멸망한 백성들과는 달리 마음을 진리로 변화시키며 참된 믿음을 키워 왔기 때문입니다.

그들은 장대한 가나안 거민들과 튼튼한 성벽을 보고도 두려워하지 않고 “여호와께서 우리를 기뻐하시면 우리를 그 땅으로 인도하여 들이시고 그 땅을 우리에게 주시리라”(민 14:8) 담대히 고백하였습니다. 이러한 여호수아와 갈렙의 고백은 오늘날 우리에게도 그대로 적용됩니다.

전능하신 하나님께서 기뻐하시면 무엇이나 가능하다는 사실을 깨달아 범사에 여호수아와 갈렙같이 정녕 믿음으로 구하여 응답받으시기 바랍니다.

네 하나님 여호와가
너와 함께하느니라

5

| 모세의 후계자 |

라합이 그들을 창에서 줄로 달아내리우니
그 집이 성벽 위에 있으므로 그가 성벽 위에 거하였음이라
(수 2:15)

마음을 강하게 하라 담대히 하라
너는 이 백성으로 내가 그 조상에게 맹세하여
주리라 한 땅을 얻게 하리라
오직 너는 마음을 강하게 하고 극히 담대히 하여
나의 종 모세가 네게 명한 율법을 다 지켜 행하고
좌로나 우로나 치우치지 말라
그리하면 어디로 가든지 형통하리니
…
네가 어디로 가든지
네 하나님 여호와가 너와 함께하느니라 하시니라

(여호수아 1:6-9)

광야에서 유리하는 40년의 세월은 믿음을 내보이지 못한 이스라엘 백성들에게 징계의 시간만은 아니었습니다. 장차 가나안 땅에 들어가야 할 이스라엘 후손들, 곧 출애굽 2세대가 하나님을 만나고 체험하며 믿음을 갖게 되는 영적인 훈련 기간이기도 했던 것입니다.

하나님께서는 우리를 축복하시기 전에 먼저 영적인 믿음을 가질 수 있도록 여러 가지로 훈련의 과정을 거치게 하십니다. 영적인 믿음이 아니면 구원받을 수 없고 천국에 갈 수도 없기 때문입니다.

또한 영적인 믿음을 갖기 전에 축복을 주시면 대부분의 사람들이 다시 세상으로 향하게 됩니다. 그래서 하나님께서는 놀라운 권능의 역사들을 보게 하시고 때로는 불같은 시험을 거치게 하셔서 믿음이 성장할 수 있도록 하시는 것입니다.

물론 우리가 영육간에 축복받는 것이나 영적인 권세와 능력을 받는데에는 신앙의 연수가 길고 짧은 것은 문제가 되지 않습니다. 하나님의 말씀을 얼마나 마음에 새기고 중심을 변화시킴으로 영적인 믿음을 소유하느냐에 달려 있는 것이지요. 영적인 믿음을 소유하지 못하기 때문에 오랜 시간 연단을 받기도 하는 것입니다.

애굽을 떠나왔던 백성들의 1세대는 광야에서 유리하는 동안 모두 죽고, 다만 모세와 여호수아와 갈렙만이 출애굽 2세대와 함께 살아남았습니다.

출애굽의 지도자 모세의 마지막 설교

40년의 세월이 흐른 후, 가나안 땅에 들어갈 시기가 가까워졌을 때 모세는 백성들을 모아 놓고 긴 설교를 시작했습니다. 마치 죽음을 앞둔 아버지가 자녀들을 염려하듯이 자신이 생을 마감한 후에도 계속해서 가나안 정복의 큰 과업을 이루어야 할 이스라엘 백성들을 향해 안타까운 마음으로 당부하는 설교였습니다.

이것이 바로 신명기 전체에 기록된 내용입니다. 신명기는 가나안 입성 직전 모압 평지에서 모세가 백성들에게 가르쳤던 설교를 중심으로 한 율법 교육서라 할 수 있습니다.

모세는 출애굽 1세대의 불순종으로 말미암아 가나안 땅을 유업으로 얻지 못함을 거듭 강조하면서 하나님께 대한 순종은 축복의 통로이자 가장 근본적인 본분임을 깨우쳐 주고자 했습니다. 곧 하나님의 백성들이 갖추어야 할 기본 도리를 설명한 생활 지침서이자 안내서라고 할 수 있지요. 그 핵심은 바로 '계명을 지키라'는 것입니다.

"그런즉 너희 하나님 여호와께서 너희에게 명령하신 대로 너희는 삼가 행하여 좌로나 우로나 치우치지 말고 너희 하나님 여호와께서 너희에게 명하신 모든 도를 행하라 그리하면 너희가 삶을 얻고 복을 얻어서 너희의 얻은 땅에서 너희의 날이 장구하리라"(신 5:32-33)

"네가 네 하나님 여호와의 말씀을 삼가 듣고 내가 오늘날 네게 명하는 그 모든 명령을 지켜 행하면 네 하나님 여호와께서 너를 세계 모든 민족 위에 뛰어나게 하실 것이라"(신 28:1)

신명기 곳곳에 수없이 반복된 말씀이 바로 하나님의 계명을 지키면 복을 받고 그렇지 않으면 저주가 임하리라는 내용입니다. 이 말씀은 결코 백성들을 두렵게 하거나 힘들게 하려는 말씀이 아닙니다. 신명기 10장 13절에 "내가 오늘날 네 행복을 위하여 네게 명하는 여호와의 명령과 규례"라 하신 대로 오히려 참된 행복의 길을 알려 주는 말씀이었습니다.

아담의 범죄 이후로 이 세상은 원수 마귀 사단, 곧 어두움의 세력이 권세를 잡고 있으므로 하나님을 믿지 않는 사람들은 그 권세 아래 속하여 온갖 시험 환난으로 고통받게 되었습니다. 따라서 우리가 축복 가운데 살기 위해서는 빛 되신 하나님의 말씀을 지켜 행함으로 어두움에서 떠나야 합니다.

요한일서 1장 6절을 보면 "만일 우리가 하나님과 사귐이 있다 하고 어두운 가운데 행하면 거짓말을 하고 진리를 행치 아니함이거니와" 말씀한 것처럼, 계명을 지키지 않는 사람은 어두움에 거하는 사람이므로 어두움의 주관자인 원수 마귀 사단에 속해집니다.

그래서 원수 마귀 사단이 시험 환난을 가져다주어도 공의의 하나님께서는 지켜 주실 수 없습니다. 예를 들어, 교통신호는 보행자와 주행자의 안전을 위해 나라에서 정해 놓은 법입니다. 신호를 지킴으로 보호받을 수 있게 한 것이지요. 반대로 신호를 무시하고 지키지 않을 때는 지킴받을 수 없습니다.

법을 준수할 때 법의 보호를 받을 수 있는 것과 같이 하나님의 법을 지킬 때에는 지킴받을 수 있지만, 그렇지 않을 때에는 지킴받을 수 없는 것입니다. 모세는 이러한 사실을 너무나 잘 알았기 때문에 사랑하는 이스라엘 백성들에게 계명을 지킬 것을 수없이 당부했던 것이지요.

이제 가나안 땅을 눈앞에 두고 들어가지 못하는 모세는 이스라엘 자손들을 위해 축복합니다(신 33장).

모세의 믿음으로는 가나안 땅에 충분히 들어갈 수 있었지만, 믿음이 없는 출애굽 1세대의 지도자로서 백성들을 가나안 땅까지 인도해야 할 책임을 다하지 못했기 때문에 들어갈 수 없었던 것입니다(신 3:26). 일반적으로 사회에서도 부하 직원의 잘못에 대한 책임을 지고 부서장이나 책임자가 자리에서 물러나는 경우가 종종 있는데 이와 마찬가지이지요.

하나님께서는 사랑하는 모세를 데려가시기 전에 그를 위로하시고자 가나안 땅을 보여 주십니다. 오직 하나님의 뜻에 순종하여 수많은 백성을 온유함으로 인도해 온 모세를 누구보다도 사랑하셨던 하나님께서는 비록 모세가 가나안 땅에 들어가지는 못할지라도 그 땅을 멀리서 나마 보게 하셨지요.

여리고 맞은편 모압 평지에 있는 느보 산으로 이끄신 후, 길르앗 온 땅을 단까지 보이시고 온 납달리와 에브라임과 므낫세의 땅과 서해까지의 유다 온 땅과 남방과 종려의 성읍 여리고 골짜기 평지를 소알까지 보여 주셨습니다(신 34:1-3).

약속의 땅을 눈앞에 둔 모세의 심정은 어떠했겠습니까. 누구보다 하나님을 사랑하고 약속하신 말씀을 믿었기에 출애굽 1세대를 더 믿음으로 이끌지 못한 것에 대한 민망함을 감출 길이 없었을 것입니다.

호렙 산 떨기나무 불꽃 가운데서 만나 주신 하나님과 이스라엘 백성들과 함께한 40년의 세월들이 주마등처럼 스쳐 지나가며, '조금만 더 믿음을 심어 주었더라면….' 하는 깊은 회한이 남았겠지요. 하나님의 섭리 가운데 자신은 떠나가지만, 남겨진 백성들을 향한 애타는 마음이 그를 더욱 무겁게 했을 것입니다.

그런데 혹자는 모세가 가나안 땅에 들어가지 못한 것은 하나님의 말씀에 순종하지 않았기 때문이라고 잘못 말하기도 합니다. 반석에서 물을 낼 때 '반석을 한 번만 쳐야 하는데 두 번 쳤기 때문에 하나님께서 진노하셨다.'는 것입니다. 그런가 하면 '모세가 혈기를 내서 십계명 돌판을 부숴 버렸기 때문에 가나안 땅에 들어가지 못했다.'라고 말합니다.

그러나 민수기 12장 3절을 보면 하나님께서는 "이 사람 모세는 온유함이 지면의 모든 사람보다 승하더라"고 인정하셨습니다. 그처럼 온유함이 승한 모세가 한 번의 혈기로 인해 하나님의 진노하심을 받아 가나안 땅에 들어가지 못했다면 너무나 두려운 하나님이 되는 것입니다.

또한 성경을 보면 하나님께서 반석을 치라고 명하셨을 뿐 한 번을 치든, 두 번을 치든 모세의 자유이지 불순종이라고 할 수 없습니다. 그래서 모세는 "여호와께서 너희의 연고로 내게도 진노하사 가라사대 너도 그리로 들어가지 못하리라" 말씀한 것입니다(신 1:37).

사랑의 하나님께서는 이 말씀을 성경에 기록하게 하심으로 후세 사람들이 모세가 혈기를 냈기 때문에, 혹은 믿음이 부족해서 가나안 땅에 들어가지 못했다고 오해하지 않도록 하셨습니다.

출애굽의 지도자 모세의 죽음

모세는 마침내 가나안 땅이 바라보이는 요단 동편의 모압에서 하나님의 약속을 가슴에 담고 120년의 파란만장한 일생을 마친 후 평안히 아버지 하나님의 품에 안겼습니다.

그는 하나님께서 출애굽의 지도자로서의 사명을 주신 후 생을 마감하기까지 오직 하나님의 말씀에 순종했던 믿음의 사람이었습니다.

한 민족의 지도자가 된다는 것은 그만큼 많은 고뇌와 짐을 지고 가야 하기에 쉬운 일이 아닙니다. 아비와 같은 마음으로 백성들을 품고 하나님께서 원하시는 뜻을 좇아 살아갈 수 있도록 인도하기 위해 늘 고심해야 하는 것입니다.

악한 말로 원망하고 불평하는 백성들로 인한 애통과 번민, 염려로 하나님께 부름 받는 날까지 단 한 순간도 편히 지낸 적이 없을 정도였을 것입니다. 백성들로 인해 흘린 눈물과 애통의 기도는 이루 말로 다 표현할 수 없었겠지요.

그러나 모세는 한 번도 책임을 회피하거나 사명을 포기하지 않았습니다. 오직 하나님께 엎드려 자신의 힘으로는 어찌할 수 없음을 겸손히 아뢰며 어떠한 어려움이 와도 하나님을 믿는 믿음으로 난관을 헤치고 나갔던 것입니다.

이러한 마음 중심을 가졌기 때문에 하나님께서도 모세를 믿고 신뢰하심으로 많은 교통을 이루셨고 큰 권능의 역사들을 베풀어 주셨습니다.

혹 여러분은 하나님께 받은 사명을 감당하면서 '사명이 무겁고 힘이 들어 쉬고 싶다.'는 생각을 해 본 적은 없으신지요? 그렇다면 모세의 마음을 떠올려 보며 더욱 뜨겁게 달려가실 수 있기 바랍니다.

모세의 후계자 여호수아

하나님께서는 모세가 죽은 후 그를 대신할 이스라엘의 지도자로서 눈의 아들 여호수아를 선택하셨습니다. 여호수아는 열두 정탐꾼 중에 한 사람으로서 긍정적인 믿음의 고백으로 하나님을 기쁘시게 했던 사람입니다.

모세의 수종자로서 늘 곁에서 붙좇았으며, 모세가 십계명을 받기 위해 40일간 금식할 때도 가까운 곳에서 떠나지 않으며 그림자와 같이 따랐지요. 또한 출애굽기 33장 11절 후반절을 보면 "눈의 아들 청년 여호수아는 회막을 떠나지 아니하니라" 한 대로 늘 하나님의 성전을 사모하며 가까이했던 것을 볼 수 있습니다.

이처럼 변함없는 중심으로 하나님을 사랑하고 모세를 신뢰하여 함께했던 여호수아였기에 모세의 뒤를 이어 이스라엘의 지도자로서 선택될 수 있었습니다. 이제는 위대한 지도자였던 스승이 더 이상 곁에 없으며, 스승의 사명과 책임을 자신이 대신해야 한다는 사실을 생각할 때 한편 마음이 무거웠을 것입니다.

40년간 모세 곁에 있으면서 그의 눈물과 고뇌를 누구보다도 가까이에서 보면서 수많은 백성들을 믿음으로 이끌어 간다는 것이 얼마나 무거운 짐인 줄을 잘 알았기 때문이지요. 이러한 여호수아의 마음을 아셨던 하나님께서는 강한 약속의 말씀으로 그를 격려하십니다.

"너의 평생에 너를 능히 당할 자 없으리니 내가 모세와 함께 있던 것같이 너와 함께 있을 것임이라 내가 너를 떠나지 아니하며 버리지 아니하리니 마음을 강하게 하라 담대히 하라 너는 이 백성으로 내가 그 조상에게 맹세하여 주리라 한 땅을 얻게 하리라"(수 1:5-6)

단, 여기에는 단서가 있었습니다. 하나님의 말씀을 지켜 행해야 한다는 것이었지요.

"나의 종 모세가 네게 명한 율법을 다 지켜 행하고 좌로나 우로나 치우치지 말라 그리하면 어디로 가든지 형통하리니 이 율법책을 네 입에서 떠나지 말게 하며 주야로 그것을 묵상하여 그 가운데 기록한 대로 다 지켜 행하라 그리하면 네 길이 평탄하게 될 것이라 네가 형통하리라"(수 1:7-8)

여호수아와 함께하는 이스라엘 백성들도 출애굽 1세대와는 달랐습니다. 400년간 애굽이라는 이방문화 속에서 나고 자라면서 하나님에 대한 믿음도 희미해지고, 억압과 학대 속에 많은 악이 심겨진 부모 세대와는 달리 어려서부터 하나님의 말씀으로 양육받고, 무수한 권능의 역사들을 보았기 때문입니다.

또한 그들의 부모 세대가 왜 가나안 땅에 들어가지 못하고 40년간 광야에서 생활해야 했는지 마음에 새겨 왔습니다. 이들은 이제 하나님과 세우신 지도자 앞에 참된 믿음으로 순종할 만반의 준비를 마친 사람들이었습니다.

무수한 역사를 체험하고도 끊임없이 모세를 원망한 부모 세대와는 달리 여호수아에게 전폭적으로 순종할 것을 맹세합니다.

"우리는 범사에 모세를 청종한 것같이 당신을 청종하려니와 오직 당신의 하나님 여호와께서 모세와 함께 계시던 것같이 당신과 함께 계시기를 원하나이다 누구든지 당신의 명령을 거역하며 무릇 당신의 시키시는 말씀을 청종치 아니하는 자 그는 죽임을 당하리니 오직 당신은 마음을 강하게 하시며 담대히 하소서"(수 1:17-18)

지도자인 여호수아는 물론 모든 백성들까지도 가나안 땅에 대한 하나님의 약속을 이루기 위해 한마음 한뜻으로 똘똘 뭉쳤던 것입니다. 이제 가나안 땅이 바로 눈앞에 있습니다.

당시 가나안은 애굽, 메소포타미아 등과 무역을 하며 수준 높은 문화를 자랑하는 곳으로 변모해 있었습니다. 먼 타국에서 노예생활을 하며 척박한 광야에서 40년을 생활해야 했던 이스라엘 백성들에게 가나안은 실로 젖과 꿀이 흐르는 비옥한 땅이었던 것입니다.

그런데 그들이 가나안 땅에 들어가기 위해서는 가장 먼저 점령해야 할 곳이 여리고 성입니다.

여리고 성 정탐과 기생 라합

여호수아와 이스라엘 백성들은 믿음이 있다 해서 무턱대고 여리고로 진군하지 않았습니다. '지피지기면 백전백승(知彼知己 百戰百勝)'이라는 말도 있듯이 먼저 여리고 성의 성벽이 어떠한지, 군사력은 어느 정도이고, 그들의 사기는 어떠한지 등을 알아야 그에 맞는 작전을 세울 수 있기 때문입니다. 이러한 상황을 알기 위해 여호수아는 싯딤에서 두 사람의 정탐꾼을 뽑아 보냅니다.

그 당시 여리고 성은 대단한 건축물이었습니다. 오늘날 학자들이 발굴해 낸 여리고 성터의 흔적을 보면 과연 금성철벽(金城鐵壁)이라는 말을 들을 만큼 견고한 성이었음을 알 수 있습니다. 대부분의 성은 하나의 성벽으로 되어 있지만, 여리고 성은 내성과 외성 두 겹의 성벽으로 견고함을 더하였습니다.

성벽의 두께가 각각 1.8미터와 3.3미터 이상이라고 알려져 있으니 어지간한 공격으로는 작은 구멍조차 내기 어려운 상황이었던 것입니다. 더구나 이들은 이스라엘이 공격할 것에 대비하여 여느 때보다 경계를 강화한 상태입니다.

그러던 어느 날, 정탐꾼이 들어왔다는 소식을 전해들은 여리고 왕은 그들을 잡기 위해 군인들을 동원해 수색하기 시작했습니다. 더욱이 어디에 숨어들었는지까지 정확히 알고 있으니 두 정탐꾼은 일순간 바람 앞에 등불같이 위태로운 처지가 되었습니다.

이때 하나님께서는 전혀 예상치 못한 도움의 손길을 예비하셨는데, 바로 정탐꾼들이 묵고 있는 집주인인 라합이라는 여인을 통해 생명을 구해 주신 것입니다. 라합은 이방 여인이요, 기생이라는 낮은 신분이었지만 왕명을 거역하면서까지 정탐꾼들을 숨겨 주었을 뿐만 아니라 그들에게 놀라운 믿음의 고백을 합니다.

비록 라합은 이방 여인이지만 심성이 곱고 선하였기에 홍해가 갈라지고 반석을 치니 물이 나오며 전쟁에서 승리한 이스라엘 백성들에 대한 소문을 듣고 전지전능하신 하나님을 믿었던 것입니다.

그래서 이스라엘 백성들이 여리고 성을 점령하면, 그때 자신이 정탐꾼들을 살려 준 것처럼 자신과 가족들의 생명을 지켜 달라고 청하는 것이었습니다.

사람의 생각을 동원하면 이러한 라합에 대해 자기 민족을 배신하고 정탐꾼을 숨겨 준 사람이라고 비난할 수도 있습니다. 그러나 라합이 택한 것은 어느 민족이나 어떤 사람이 아니라 바로 전지전능하신 창조주 하나님이었습니다.

비록 이방인일지라도 선한 마음을 가진 사람은 이스라엘 백성들과 함께하시는 하나님의 놀라운 기사와 표적을 전해 들을 때에 정녕 상천하지에 한 분이신 하나님을 인정하게 되는 것입니다.

중심을 보시는 하나님께서는 진실한 마음으로 하나님을 찾고 의지하는 사람을 결코 외면하지 않으시며 반드시 축복으로 갚아 주신다는 사실입니다.

두 정탐꾼의 믿음의 고백

기생 라합의 도움으로 성을 빠져나온 정탐꾼들은 수색자들을 피하여 사흘 동안 산으로 숨었다가 요단 강을 건너 이스라엘 진으로 돌아갔습니다. 이들이 여호수아를 만났을 때 과연 어떻게 고백했을까요?

그들은 자신들이 탐지하고 돌아온 여리고 성내의 소식을 상세히 보고했습니다. 결코 두려움이나 부정적인 고백이 아니요 오직 믿음의 눈으로 바라본 결과를 고백하였던 것입니다.

"진실로 여호와께서 그 온 땅을 우리 손에 붙이셨으므로 그 땅의 모든 거민이 우리 앞에서 간담이 녹더이다"(수 2:24)

이전에 가데스 바네아에서 가나안 땅을 탐지하고 돌아온 열 명의 정탐꾼과는 너무도 상반된 고백입니다.

정녕 하나님을 믿는다면 불가능이 없으며, 하나님께서 함께하시면 아무리 불통한 일도 형통하게 되는 것이니 결코 "안 된다, 힘들다."는 부정적인 고백을 하지 않습니다. 그런데 사람들이 쉽게 부정적인 말을 내는 것은 생활 속에 배어 있기 때문입니다.

예를 들면, 슬픈 일을 당할 때는 "슬퍼 죽겠다." 기분 좋은 일이 있거나 맛있게 식사를 한 뒤에는 "좋아 죽겠다, 배불러 죽겠다." 등 부정적인 고백을 예사로 하는 것입니다.

하나님께서는 우리의 모든 말과 행함, 중심을 보시고 그 믿음대로 역사하십니다. 잠언 18장 20-21절에도 보면 "사람은 입에서 나오는 열매로 하여 배가 부르게 되나니 곧 그 입술에서 나는 것으로 하여 만족하게 되느니라 죽고 사는 것이 혀의 권세에 달렸나니 혀를 쓰기 좋아하는 자는 그 열매를 먹으리라" 말씀하셨습니다.

그러므로 어떤 상황에서도 오직 믿음의 말, 선한 말, 긍정적인 말을 냄으로 주위 사람들에게도 힘을 주고 믿음을 줄 수 있어야 합니다.

마른 땅으로 행하여 요단을 건너니라

6

| 요단 강이 멈추다 |

여호와의 언약궤를 멘 제사장들은
요단 가운데 마른 땅에 굳게 섰고
온 이스라엘 백성은 마른 땅으로 행하여 요단을 건너니라
(수 3:17)

여호수아가 이끄는 출애굽 2

세대는 가나안 땅에 들어가기 위해 본격적인 행군을 시작했습니다. 정탐꾼의 회보로 이스라엘 백성들은 어느 때보다 사기가 충천하여 여리고를 향해 힘찬 전진을 시작했던 것입니다.

이미 여리고를 비롯하여 가나안 거민의 간담이 녹아 있었으니 더 이상 지체할 필요가 없었지요. 여호수아는 아침 일찍이 일어나 백성들에게 채비시킨 후 요단 강가로 이동합니다.

앞길을 가로막는 범람하는 요단 강

여리고를 향한 길목에는 범람하는 요단 강의 험한 물살이 가로막고 있었습니다. 이때 여호수아는 백성들을 인도하여 곧장 강을 건너게 하지 않고 그곳에서 잠시 유숙합니다.

그들이 요단 강에 이르렀을 때는 강물이 범람하고 물살이 센 시기였기 때문에 수많은 사람들이 한꺼번에 강을 건널 수 있는 방법을 찾아야 했던 것입니다.

오랜 시일이 지나면서 점차 강의 폭이 좁아진 까닭에 지금의 요단 강은 평균 폭이 30미터 정도밖에 안 되지만, 가나안 정복 당시의 요단 강은 제법 큰 강이었습니다.

중국의 유명한 황하 강만 해도 수십 년이 지나면 하류층의 물줄기가 변함에 따라 마을이 없어지기도 하고 없던 마을이 생기기도 한다고 합니다. 하물며 3,400-3,500년 전이니 지금의 모습과는 비교가 되지 않지요.

또한 요단 강은 경사가 급한 곳이 많아 물살이 센 편이었고, 밀과 보리를 거둘 무렵 곧 비가 집중적으로 오는 우기철로(수 3:15) 수위가 연중 최고로 높아진 때입니다.

요즈음도 여름철에 뉴스를 보면, 평소에 수심이 낮고 좁은 계곡물이라도 호우로 갑자기 물이 불어나면 급류로 인한 인명 피해가 발생하는 것을 종종 봅니다.

더구나 폭이 넓은 강이 범람하여 물살이 셀 때 수백만의 백성들이 노약자와 아이들, 짐까지 잔뜩 가지고 건넌다는 것은 불가능한 일이었습니다. 배를 만들고 다리를 놓는다 해도 물자를 구하기란 쉽지 않으며, 설령 구한다 해도 오랜 시간이 걸리게 됩니다. 그동안 여리고 백성들이 가만히 있을 리도 만무하지요. 그렇다고 해서 낙심하거나 뒤로 물러설 이스라엘 백성들이 아닙니다.

출애굽 2세대의 믿음

출애굽한 1세대와 달리 그동안 믿음의 연단을 잘 받은 2세대는 전능하신 하나님을 의지하는 영적인 믿음이 있었습니다.

범람하는 요단 강이 이스라엘 백성들의 발걸음을 가로막고 있을 때 하나님께서는 요단을 건너갈 아주 단순한 방법을 제시해 주십니다.

제사장들이 하나님의 언약궤를 메고 범람하는 요단 강으로 걸어 들어가기만 하면 요단 강의 흐름이 끊어지고 물이 쌓여 서게 되리라는 것이었습니다. 상식적으로 생각해 본다면 거세게 흐르는 강물을 발로 밟는다고 해서 어떻게 흐름이 멎을 수 있겠습니까?

만일 출애굽 1세대에게 급류가 흐르는 요단 강으로 무거운 언약궤를 메고 걸어 들어가라고 했다면 가만히 있을 리 없었을 것입니다. "범람하는 강물에 언약궤를 메고 들어가라니 우리보고 빠져 죽으란 말인가? 하나님께서 애굽에 잘 있는 우리를 여기까지 인도하셔서 요단 강에 수장시키려 하시는구나." 하며 이내 원망하고 불평했겠지요.

그러나 여호수아를 따르는 출애굽 2세대들은 단 한 마디의 불평이나 의심하는 말을 내지 않았습니다. 큰 홍해도 가르셨던 하나님이신데 범람하는 요단 강을 멈추는 정도는 전혀 문제가 아니라고 믿었던 것입니다.

요단 강이 멈추다

여호수아는 이스라엘 백성들로 하여금 요단 강을 건너기 전에 한 가지 당부를 하였습니다.

"너희는 스스로 성결케 하라 여호와께서 내일 너희 가운데 기사를 행하시리라"
(수 3:5)

다음 날, 여호수아가 전해 준 하나님의 말씀에 따라 언약궤를 멘 제사장들이 백성들 앞으로 나아가 요단 강가에 섰습니다.

처음 출애굽 했을 때 애굽 군대가 수장되었던 홍해는 오로지 하나님의 능력과 모세 한 사람의 순종으로 이루어진 것이었습니다. 애굽에 내린 열 재앙을 통해 하나님의 능력을 보았지만, 당시 이스라엘 백성들에게는 그만한 믿음이 없었기 때문이지요.

그러나 이제 범람하는 요단 강 앞에서는 여호수아 한 사람이 아닌 이스라엘 백성 전체의 믿음이 요구되는 상황이었습니다. 마치 우리가 주님을 영접한 후 점차 영적인 성장을 하는 것만큼 삶 속에서 믿음의 행함이 나타나야 하는 것과 같습니다. 오직 하나님께서 세우신 여호수아의 말에 순종하여 흐르는 요단 강물을 발로 밟아야 했던 것입니다.

이윽고 궤를 멘 제사장들의 발이 흐르는 물에 잠기는 바로 그 순간 하나님의 약속은 과연 그대로 이루어졌습니다. 위에서 내려오던 물은 멀리 떨어진 곳에 쌓이기 시작했고(수 3:16), 아래쪽의 물은 사해로 다 흘러가 버렸던 것입니다.

물길이 끊어진 강 한가운데 제사장들이 언약궤와 함께 서 있는 동안은 계속하여 물의 흐름이 끊어진 상태였고, 그동안 이스라엘 백성들은 신속히 강을 건넜습니다. 마지막으로 제사장들이 강에서 나오자 즉시 위로부터 물이 다시 흘러 이전과 같이 회복되었지요.

이처럼 하나님의 말씀대로 놀라운 권능이 나타난 것을 목도한 이스라엘 백성들은 여호수아에 대한 신뢰가 이전보다 더욱 확고해졌고, 여호수아를 마치 모세를 두려워하던 것같이 두려워하게 되었습니다. 그만큼 믿고 경외하게 된 것입니다.

열두 개의 돌을 세워 기념하라

하나님께서는 이날을 영원히 기억하여 하나님을 경외하는 마음이 변함 없기를 원하셨기에 한 가지 일을 명하셨습니다. 제사장들이 요단 가운데서 열두 개의 돌을 취하여 강을 건넌 후 처음 유숙했던 곳에 이날을 기념하여 세우라고 말씀하신 것입니다.

또한 요단 가운데 제사장들이 발을 딛고 선 곳에도 동일하게 열두 개의 돌을 기념비와 같이 세우도록 하셨지요. 이 돌들을 볼 때마다 전능하신 하나님께서 이스라엘을 위해 행하신 일을 기억하여 영원히 하나님을 경외하며 순종하라는 의미입니다.

"후일에 너희 자손이 그 아비에게 묻기를 이 돌은 무슨 뜻이냐 하거든 너희는 자손에게 알게 하여 이르기를 이스라엘이 마른 땅을 밟고 이 요단을 건넜음이라 … 이는 땅의 모든 백성으로 여호와의 손이 능하심을 알게 하며 너희로 너희 하나님 여호와를 영원토록 경외하게 하려 하심이라"(수 4:21-24)

요단 강이 멈추는 놀라운 권능을 통해 하나님께서는 이스라엘과 함께하신다는 사실을 다시 한 번 확증시켜 주셨습니다. 반면에 온갖 촉각을 곤두세우고 있던 가나안 족속들은 이 소식에 얼마나 두려워했던지 간담이 녹고 정신을 잃을 정도였습니다.

"요단 서편의 아모리 사람의 모든 왕과 해변의 가나안 사람의 모든 왕이 여호와께서 요단 물을 이스라엘 자손들 앞에서 말리시고 우리를 건네셨음을 듣고 마음이 녹았고 이스라엘 자손들의 연고로 정신을 잃었더라"(수 5:1)

한층 사기가 높아진 이스라엘 백성들은 당장이라도 여리고 성을 점령할 수 있을 것 같았습니다. 그런데 하나님께서는 즉시 여리고를 공격하도록 하지 않으시고 먼저 한 가지 일을 행하게 하셨습니다.

큰 싸움을 앞둔 이스라엘 백성들에게 무기를 정비하고 전열을 가다듬으라고 말씀하신 것이 아니라, 뜻밖에도 '할례 의식'을 행하도록 명하신 것입니다.

할례의 영적인 의미

할례란 남자의 성기 표피 끝을 난 지 8일 만에 잘라내는 의식으로서 하나님께서 아브라함에게 처음 명하셨습니다.

창세기 17장에 보면 하나님께서 믿음의 조상 아브라함에게 가나안 땅을 주시리라는 약속을 하시며 이스라엘 백성에게 그 약속을 성취하기 위하여 지켜야 할 일 곧 할례를 명하십니다. "너희 중 남자는 다 할례를 받으라 이것이 나와 너희와 너희 후손 사이에 지킬 내 언약이니라"(창 17:10) 말씀하셨지요.

이때부터 이스라엘 백성들은 태어난 지 8일 만에 할례를 받게 되었습니다. 이것은 이스라엘이 하나님의 백성이라는 언약의 증표였습니다. 하나님께서는 할례에 관한 규례를 대대로 지키라고 명하셨으며, '할례를 받지 아니한 남자는 하나님의 백성 중에서 끊어진다.'고 엄히 말씀하신 것입니다.

이 말씀은 신약 시대를 사는 우리에게도 동일하게 적용되는데, 이는 육적인 할례가 아닌 영적인 할례로서 바로 마음의 할례입니다(신 10:16). 마음의 할례란 예레미야 4장 4절에 "너희는 스스로 할례를 행하여 너희 마음 가죽을 베고 나 여호와께 속하라" 말씀하신 바와 같이 우리의 마음 가죽을 베는 것을 말합니다.

마음 가죽을 벤다는 것은 하나님의 말씀에 무엇을 '하라, 하지 말라, 지키라, 버리라.' 하신 것을 그대로 순종하여 지켜 행하는 것입니다. 곧 '사랑하라, 미워하지 말라, 안식일을 지키라, 악은 모양이라도 버리라.' 하신 대로 하나님의 말씀에 어긋나는 비진리, 악, 불의, 불법, 어두움을 벗어 버리고 진리를 지켜 행함으로 성결되어 가는 것이지요.

다만 구약 시대는 성령 시대가 아니므로 사람의 노력만으로는 죄를 온전히 버릴 수가 없었기 때문에 할례 의식을 거행함으로 하나님의 백성된 표식을 삼았던 것이고, 신약 시대에 이르러서는 마음의 할례를 통해 하나님의 자녀된 증거를 삼게 된 것입니다.

따라서 구약에 육적인 할례를 받지 않은 사람이 하나님의 백성 중에서 끊어짐을 당한 것처럼 신약 시대에 이르러서는 마음의 할례가 구원과 직결된다는 중요한 말씀입니다.

여호수아가 할례를 시행한 것은 출애굽 이후, 광야에서 생활하던 이스라엘 백성들이 그동안 할례를 받지 못했기 때문입니다. 출애굽하기 직전에 마지막으로 할례를 행했으니 그 후로 광야에서 태어난 모든 사람들, 곧 40세 이하의 모든 장정들은 할례를 받지 않은 상태였습니다.

그래서 가나안 땅을 정복하는 전쟁이 본격적으로 시작되기 전에 하나님께서는 다시 한 번 언약을 확증하는 의미로 모든 남자들이 할례를 받게 하신 것입니다.

이 일은 그리 단순한 문제가 아닙니다. 할례를 받으면 통증으로 며칠간 몸을 자유롭게 움직이지 못하게 됩니다. 더욱이 요단 강을 건넌 이스라엘 백성들은 이방인의 세력권 안에 들어 있었고, 바로 가까운 곳에 여리고 성 거민들이 촉각을 곤두세우고 경계하며 예의 주시하고 있는 상황이었기 때문입니다.

만일 할례를 받아 몸이 불편한 상태에서 적군이 공격해 온다면 제대로 대응하지도 못한 채 패할 수밖에 없는 매우 위태로운 상황입니다. 그러니 생각을 동원하면 '이곳에 도착하기 전에 광야에서 할례를 명하시지 왜 이렇게 위험한 순간에 할례를 명하십니까?' 하며 불평 불만이 나올 수 있고, 불순종할 수도 있었지요.

간혹 사람의 생각으로는 불가능한 일들을 하나님께서 시키실 때가 있는데, 불가능하다고 하는 그 생각 자체가 육신의 생각이요, 그것이 하나님의 놀라운 역사를 체험하지 못하게 만드는 것입니다. 즉 하나님의 능력을 끌어내리지 못하게 하는 요인입니다.

그러나 이스라엘 백성들은 믿음이 있으므로 이때도 두말없이 순종하여 할례를 받았습니다. 그 결과 상처가 다 나을 때까지 하나님께서 지켜 주심으로 적들은 근처에 얼씬도 하지 않았습니다.

할례와 영적인 전쟁

그러면 하나님께서 이처럼 위태로운 상황에 굳이 할례를 행하라 명하신 이유는 무엇일까요? 이는 바로 이스라엘뿐만 아니라, 오늘날 우리에게 영적 전쟁에서 승리하는 방법을 알려 주시기 위함입니다.

가나안을 정복하는 과정을 사람의 눈으로 볼 때는 단순히 종족간의 영토 전쟁이지만, 영적인 세계에서는 하나님께 속한 선한 영들과 하나님의 영광을 가리려는 악한 영들 사이의 치열한 전쟁입니다. 영적 전쟁의 결과에 따라 눈에 보이는 전쟁의 승패도 달라진다는 사실입니다.

"우리의 씨름은 혈과 육에 대한 것이 아니요 정사와 권세와 이 어두움의 세상 주관자들과 하늘에 있는 악의 영들에게 대함이라" (엡 6:12)

일례로, 소년 다윗이 거인 장수 골리앗을 물리칠 때 "여호와의 구원하심이 칼과 창에 있지 아니함을 이 무리로 알게 하리라 전쟁은 여호와께 속한 것인즉 그가 너희를 우리 손에 붙이시리라"(삼상 17:47) 고백했던 것을 볼 수 있습니다.

골리앗의 거대한 체구와 강한 힘은 소년 다윗과는 비교도 되지 않을 정도였지만, 결국 다윗이 승리한 것은 그가 하나님 앞에 합당한 사람이었기 때문입니다. 영적 전쟁에서 승리한 사람이기에 물맷돌 하나만으로도 거인 골리앗을 쓰러뜨릴 수 있었던 것입니다.

또한 출애굽한 이스라엘과 아말렉의 싸움에서 "모세가 손을 들면 이스라엘이 이기고 손을 내리면 아말렉이 이기더니"(출 17:11) 했던 것을 통해서도 잘 알 수 있습니다. 하나님의 사람 모세가 손을 들어 기도할 때 하나님께서 함께하심으로 전쟁에서도 승리했던 것입니다.

이 외에도 전쟁의 승패가 다만 혈과 육의 싸움에 달려 있는 것이 아니라 영적인 전투 결과에 달려 있음을 나타내는 내용은 성경 곳곳에 기록되어 있습니다(창 32:24-25 ; 단 10:13). 하나님의 자녀들에게는 일상생활의 모든 문제들이 영적 세계의 싸움과 직결되어 있기 때문입니다.

한 예로, 가정이나 직장에서 주님을 믿는다는 이유로 핍박을 받는다고 합시다. 표면적으로 볼 때는 부모님이나 아내나 남편, 직장 상사 등 사람이 핍박하는 것이지만 영적으로는 악한 영들이 믿지 않는 사람을 주관하여 성도들을 힘들게 하는 것입니다.

예수 그리스도를 알지 못하고 영접하지 않은 사람들은 어두움의 세상 주관자인 원수 마귀 사단에게 속하여 악한 영들이 부정적인 육신의 생각을 동원하도록 주관해 나가는 것이지요.

이때 하나님을 기쁘시게 하여 하나님의 능력을 힘입게 되면 천군과 천사의 도움을 받게 되므로 악한 영들이 힘을 잃게 되고 자연히 핍박하는 사람의 마음도 누그러지게 됩니다.

여호수아와 이스라엘 백성들 앞에 놓인 여리고 성의 싸움도 바로 하나님께서 간섭하시는 영적인 전쟁입니다. 그래서 여리고 성에 가까워진 여호수아 앞에 하나님의 군대 장관이 이미 당도해 있었던 것입니다.

"여호수아가 여리고에 가까웠을 때에 눈을 들어본즉 한 사람이 칼을 빼어 손에 들고 마주 섰는지라 여호수아가 나아가서 그에게 묻되 너는 우리를 위하느냐 우리의 대적을 위하느냐 그가 가로되 아니라 나는 여호와의 군대 장관으로 이제 왔느니라" (수 5:13-14)

이러한 영적 싸움에서 강하고 담대하게 승리하기 위해서는 반드시 필요한 것이 있습니다. 바로 마음의 정결함입니다.

하나님께서 요단 강을 건너기 전 여호수아를 통해 "스스로 성결케 하라" 하시고 여리고 성을 정복하기에 앞서 할례를 명하신 까닭도 바로 여기에 있습니다.

여리고 성 앞에서 여호수아에게 나타난 군대 장관이 "네 발에서 신을 벗으라"(수 5:15) 했던 것도 같은 맥락이지요. 이는 영적으로 더러운 죄를 벗어 버리는 성결을 의미합니다.

가나안 정복이라는 본격적인 약속의 성취에 앞서 하나님께서는 이스라엘 백성들에게 할례를 행하게 하심으로 죄악에서 떠나 정결할 것을 다시 한 번 요구하신 것입니다.

요한일서 3:21-22에도 보면 "사랑하는 자들아 만일 우리 마음이 우리를 책망할 것이 없으면 하나님 앞에서 담대함을 얻고 무엇이든지 구하는 바를 그에게 받나니 이는 우리가 그의 계명들을 지키고 그 앞에서 기뻐하시는 것을 행함이라" 말씀하셨습니다. 그러므로 가나안 정복뿐 아니라 개인적인 축복 역시 하나님께서 역사하실 수 있도록 무엇보다 먼저 마음의 악을 벗어 버림으로 마음의 할례를 이루어야 합니다.

출애굽한 이스라엘 백성들은 40년 광야생활을 비로소 마치고 그토록 학수고대하던 젖과 꿀이 흐르는 가나안 땅에서 할례를 한 뒤, 애굽에서 떠나올 때 초태생의 재앙으로부터 자신들을 지켜 주신 하나님의 은혜를 기억하며 유월절을 지켰습니다. 그리고 그 땅의 소산물을 먹은 다음 날부터 하늘에서 내려오는 만나가 그쳤으며 그 해에 가나안 땅의 열매를 먹게 되었습니다.

이제 할례를 마친 이스라엘 백성들과 여리고 성 거민들 사이에는 마치 폭풍 전야와 같은 팽팽한 긴장감이 흐르고 있습니다.

그러나 하나님께서는 이미 이 전쟁을 위해 하늘 군대를 보내셨으며 여호수아를 향해서 "보라 내가 여리고와 그 왕과 용사들을 네 손에 붙였으니"(수 6:2) 약속하셨습니다. 난공불락의 여리고 성은 이미 하나님의 손 안에 있었던 것입니다.

"네가 있기 전 하나님이 사람을 세상에 창조하신 날부터 지금까지 지나간 날을 상고하여 보라 하늘 이 끝에서 저 끝까지 이런 큰 일이 있었느냐 이런 일을 들은 적이 있었느냐" (신 4:32)

과연 누가 넓은 바다를 순간에 갈라 길을 내고 범람하는 강물의 흐름을 멈추며 하늘 문을 열어 일용할 양식을 주고 반석을 쳐서 물이 나게 할 수 있겠습니까. 오직 전능하신 하나님만이 하실 수 있는 일입니다.

이러한 일들은 결코 상상 가운데 지어낸 것도 신화나 전설도 아니요 한 점 보탬도 없는 너무나 생생한 역사적 사실입니다.

그러므로 범람하는 요단 강의 흐름이 아무리 거셀지라도 눈앞에 보이는 것을 두려워하지 않으며 하나님의 언약궤를 메고 앞장서서 강물을 밟았던 제사장들처럼 우리도 하나님의 영광을 위한 일이라면 담대히 믿음으로 행할 수 있어야 하겠습니다.

여호와께서 너희에게
이 성을 주셨느니라

7

| 여리고 성 정복 |

백성은 외치고 제사장들은 나팔을 불매
백성이 나팔 소리를 듣는 동시에 크게 소리 질러 외치니 성벽이 무너져 내린지라
(수 6:20)

튼튼한 성벽을 사이에 두고 성 주변은 쥐죽은 듯 고요했습니다. 가나안 땅의 길목이라 할 수 있는 여리고는 큰 성인 만큼 사람들의 왕래가 빈번할 듯한데, 사람이 눈에 띄기는커녕 이상하리만치 적막감이 감돌았습니다.

"이스라엘 자손들로 인하여 여리고는 굳게 닫혔고 출입하는 자 없더라"(수 6:1)

여리고 성내는 이제 곧 벌어질 이스라엘과의 피할 수 없는 전쟁으로 온통 촉각을 곤두세운 채 두려움 속에 숨죽이고 있었던 것입니다.

여리고 성을 정복하는 하나님의 방법

상식적으로 생각해 본다 해도 지형적으로 이스라엘 백성들보다는 요새와 같이 든든한 성을 의지해 싸우는 여리고가 싸움에서 유리했습니다. 더욱이 이스라엘 백성들 뒤로는 요단 강이 흐르고 있으니 물러설 곳도 없습니다.

이치적으로 따져 보아도 이스라엘 백성들의 완패가 불 보듯 뻔했지만, 하나님께서는 오히려 승리할 것을 말씀하셨습니다. 여호수아 6장 2절을 보면 "여호와께서 여호수아에게 이르시되 보라 내가 여리고와 그 왕과 용사들을 네 손에 붙였으니" 하셨지요.

물론 오늘날과 같이 무기가 발달되었다면 문제가 되지 않겠지만 당시는 화약도 발명되지 않은 때였습니다. 여리고 성은 내성과 외성으로 되어 있고, 성벽 위로 마차가 지나다닐 정도로 견고한 데다가 무장한 군사들이 방어하고 있었으니 이스라엘 백성들의 힘만으로는 도무지 공략할 방법이 없었습니다.

이런 상황에서 하나님께서는 다소 이해하기 힘든 방법을 가르쳐 주셨습니다. 즉 이스라엘 백성들에게 엿새 동안 성 주위를 매일 한 바퀴씩 돌되 제 칠 일에는 일곱 바퀴를 돌라는 것입니다.

이때 맨 앞에는 무장한 자들이 선 뒤 일곱 제사장이 양각 나팔을 잡고, 그 뒤에 하나님의 언약궤를 멘 사람들이 따르며 그 뒤로 백성들이 행군하는 것입니다. 그리고 제 칠 일에는 여리고 성을 일곱 번 돌고 난 후, 제사장들이 나팔을 길게 불 때 온 백성이 큰 소리로 외치면 여리고 성이 무너진다는 것이었습니다.

여기서 거듭 강조되는 '7'은 완전수로서 온전히 하나님을 믿고 순종
하는 것을 의미합니다. 마지막 일곱째 날에 제사장들이 나팔을 길게
분 다음 백성들이 순종하여 큰 소리로 외치면 성벽이 무너져 내린다고
알려 주셨는데, 이는 영적으로 큰 소리로 부르짖는 것이 하나님의 뜻
이기 때문입니다.

성경을 보면 선지자나 예수님의 제자들도 큰 소리로 부르짖어 기도
하는 장면들이 곳곳에 나옵니다. 예수님께서 죽은 나사로를 살리실 때
"큰 소리로 나사로야 나오라 부르시니 죽은 자가 수족을 베로 동인 채
로 나오는데"(요 11:43-44) 했습니다.

단지 예수님께서 나사로를 부르신 것이라면 이미 죽은 사람에게는
큰 소리든 작은 소리든 마찬가지이지만, 살아 계신 하나님께 기도하는
것이기에 큰 소리로 부르짖으신 것입니다. 십자가에 달리시기 전 겟세
마네에서 기도하실 때에도 "예수께서 힘쓰고 애써 더욱 간절히 기도
하시니 땀이 땅에 떨어지는 핏방울같이 되더라"(눅 22:44) 하신 것도
이 때문이지요.

곧 땀 흘려 수고해야 소산을 먹듯(창 3:17) 부르짖어 기도하는 수고
를 할 때 더욱 신속히 응답의 역사를 체험하게 되는 것입니다. 이처럼
우리가 하나님 앞에 무엇을 구할 때에는 큰 소리로 부르짖는 것이 하
나님의 뜻이라는 사실입니다.

믿음으로 여리고 성을 정복하는 이스라엘 백성들

견고한 여리고 성이 백성들의 외침으로 무너진다는 것은 사람의 생각으로는 도저히 이해되지 않고 불가능해 보이는 전술이지만, 믿음의 훈련을 받은 출애굽 2세대들은 어떠한 부정적인 고백이나 불평도 하지 않고 그대로 순종하여 행하였습니다.

이제 여리고 성 사람들은 너무나 이상한 장면들을 보게 됩니다. 이스라엘의 온 군대와 백성들이 성벽으로 몰려와 공격이 시작되는가 싶어 잔뜩 긴장하고 맞서 싸울 준비를 하는데 성 주변을 한 바퀴 휙 돌고 나서 그냥 자신들의 진으로 돌아가는 것이 아닙니까.

둘째 날 역시 돌멩이 하나 던지지 않고 성을 한 바퀴 돈 뒤 다시 진으로 물러가는 것입니다. 그러기를 여섯째 날까지 계속하였습니다. 생각지도 못한 뜻밖의 행동에 여리고 사람들은 얼마나 당황하고 의아했겠습니까. 도무지 알 수 없는 전술로 인해 여리고 성 군사들은 이스라엘 백성들을 향해 화살 하나 쏠 생각도 하지 못했습니다.

요단 강을 등지고 배수진을 친 채 양각 나팔을 들고 너무나 당당하게 여리고 성 주변을 도는 이스라엘 백성들을 보며 시간이 지날수록 긴장감은 더욱 고조되어 감히 공격할 엄두조차 내지 못하는 것입니다.

만일 공격했다면 상황이 달라질 수 있었겠지만, 하나님의 역사로 요단 강을 가르고 여기까지 온 이스라엘 백성들에 대한 두려움으로 심장이 터질 것 같은 팽팽한 긴장감 속에 꼼짝할 수가 없었습니다.

혹여 다른 계책이 숨어 있지는 않은지 두려웠을 것입니다. 하나님께서 이들의 마음을 두렵게 하시니 이스라엘 백성들의 알 수 없는 행동에 망연해하며 초조하게 지켜보기만 했지요.

　｜　젖과 꿀이 흐르는 땅

그런데 일곱째 날이 되니 그들의 행동이 달랐습니다. 여느 때와는 달리 새벽같이 일어나서 성을 돌기 시작합니다. 한 바퀴, 두 바퀴 … 그러기를 무려 일곱 바퀴를 도는 것입니다. 이윽고 제사장들의 나팔소리가 길게 울리는가 싶더니 지도자 여호수아가 신호를 보냈습니다.

"외치라 여호와께서 너희에게 이 성을 주셨느니라"(수 6:16)

잘 정비된 군사들과 같이 여호수아의 외침에 마치 기다렸다는 듯이 백성들이 크게 소리를 질러 외치자 순간 놀라운 일이 일어났습니다. 수많은 군사들이 공격해도 구멍조차 내기 어려울 것 같던 튼튼한 이중 성벽이 일시에 무너져 내리기 시작했습니다.

이 놀라운 장면을 한번 상상해 보십시오.

보통의 성벽이나 건물도 어떠한 충격 없이 한꺼번에 무너져 내리기는 불가능합니다. 하물며 성벽이 두 겹으로 되어 있는 데다 두께만도 각각 1.8미터와 3.3미터 가량의 단단한 이중 성벽이 손가락 하나 대지 않았는데 무너져 내린 것입니다.

이스라엘 백성들의 함성 소리에 요란한 굉음과 함께 하늘을 덮는 뿌연 먼지가 일면서 성벽은 돌무더기로 변해 버렸고, 여리고 성 안은 완전히 아수라장이 되었습니다. 무너진 성벽 무더기에 깔린 사람들의 비명소리로 인해 백성들은 물론 군사들도 향방을 찾지 못하고 두려움과 혼란으로 도망하는 가운데 이스라엘 백성들은 너무나 쉽게 여리고를 점령할 수 있었습니다.

살아가다 보면 이스라엘 백성들처럼 난공불락의 여리고 성과 같은 문제들을 종종 만나게 됩니다. 도무지 해결의 실마리가 보이지 않을 때 의지가 강한 사람들은 나름대로 최선을 다해 문제를 해결해 나가려고 노력합니다. 그러나 사람의 한계를 뛰어넘는 문제 앞에서는 속수무책이지요. 결국 고통 가운데 낙심하거나 주저앉아 버리고 맙니다.

반면에 믿음이 있는 하나님의 자녀들은 어떤 상황에서도 염려할 것이 없습니다. 사람의 방법으로 도저히 불가능한 일도 하나님의 능력으로는 가능한 것을 믿기 때문입니다. 오직 하나님의 뜻이 어디 있는가를 분별하여 담대히 믿음으로 행하면 하나님께서 요단을 멈추시고 여리고 성을 무너뜨리듯이 모든 문제를 해결해 주십니다.

시편 20편 7절에 "혹은 병거 혹은 말을 의지하나 우리는 여호와 우리 하나님의 이름을 자랑하리로다" 말씀하신 대로 세상 방법이나 지식을 동원하지 않고 오직 하나님을 의존하고 믿음으로 행군해 나가면 하나님께서 앞서 싸워 주시고 승리로 이끌어 주시는 것입니다.

하나님의 공의와 여리고 성 정복

여리고 성을 점령한 이스라엘 백성들은 성에서 얻은 노획물을 한 가지도 사사로이 취하지 않고 불사르거나 성물로 구별하여 하나님께 드렸습니다. 하나님께서 주신 약속의 땅 가나안에서 처음으로 얻은 것이니 먼저 하나님께 돌렸던 것입니다. 이는 오늘날 우리가 수입의 첫 열매를 하나님께 드리는 것과 같은 의미이지요.

여리고의 사람과 짐승은 다 죽였는데, 살아남은 사람은 단지 두 정탐꾼을 도와준 라합과 그녀의 가족뿐이었습니다. 혹자는 모든 것을 진멸하는 것은 너무 가혹한 일이 아닌가 하는 의문을 갖기도 하는데, 이스라엘이 이렇게 행한 것에는 그럴 만한 이유가 있습니다.

여리고 성의 사람과 짐승을 죽이는 것은 이스라엘의 거룩함을 유지하기 위해 필수적인 일이었기 때문입니다. 가나안 땅의 거민들은 극심한 죄악 가운데 타락한 삶을 살고 있었습니다. 특히 많은 우상들을 음란하게 섬기고 있었지요.

만일 이스라엘 백성들이 그들과 함께 거한다면 차츰 죄악에 물들게 되고 결국 사망에 이르게 되므로 하나님께서는 여리고 사람들을 진멸할 수밖에 없었던 것입니다.

"네 하나님 여호와께서 네게 붙이신 모든 민족을 네 눈이 긍휼히 보지 말고 진멸하고 그 신을 섬기지 말라 그것이 네게 올무가 되리라"(신 7:16)

이러한 상황을 잘 알지 못하는 사람들에게는 가나안 정복 전쟁이 부당하게 보일 수도 있습니다. 이미 가나안에 살고 있는 사람들이 있는데, 하나님께서 그들의 땅을 빼앗아 이스라엘에게 주시고 거민들을 다 죽이라고까지 명하시기 때문입니다.

그러나 가나안 정복 전쟁은 단순히 하나님께서 이스라엘 백성들을 축복하시기 위한 전쟁만이 아니라, 죄악으로 관영한 가나안 거민들에 대한 공의로운 심판의 결과이기도 합니다.

창세기 15장을 보면 하나님께서 아브라함에게 이스라엘 백성들이 가나안 땅에 들어가게 될 것을 예언하신 내용이 나옵니다. 그들이 애굽에서 노예생활을 하다가 가나안 땅으로 오게 되는데, 아직은 때가

아니라고 하시며, "이는 아모리 족속의 죄악이 아직 관영치 아니함이
니라"(창 15:16) 말씀하셨지요.

사람들의 죄악이 어느 한계에 달하면 하나님께서 공의 가운데 그들
을 심판하실 수밖에 없습니다. 범죄를 그냥 방치해 두면 마치 전염병
과 같이 빠르게 확산되기 때문입니다.

예를 들어, 소돔과 고모라에 죄악이 관영하니 불과 유황으로 심판하
신 것이나 노아의 홍수 때 물의 심판, 또 역사적으로 잘 알려진 폼페
이의 멸망 같은 경우가 이에 해당합니다.

폼페이는 갑작스런 화산 폭발로 인해 사람들이 미처 피할 틈도 없이
도시 전체가 화산재에 파묻히고 말았습니다. 그런데 발굴된 유적들을
보면 당시 폼페이 사람들이 종교적으로나 도덕적으로 심히 타락하여
심판받을 수밖에 없었다는 것을 깨우칠 수 있습니다.

지금으로부터 수천 년 전이지만 하나님께서는 모세에게 율례를 주
시면서 동물과 교접하는 수간을 금하시고, 동성애를 엄히 경계하는 말
씀을 주셨습니다(레 18:22-23, 20:13-16). 이는 당시 그와 같은 문화
가 있었음을 반증하는 것이지요.

성경을 보면 몰렉이나 바알, 아세라와 같이 이방의 헛된 신을 섬기
던 민족은 스스로 자해를 가하거나, 자신의 어린 자녀를 불태워 죽이
기도 하고, 우상 앞에서 음란한 일들을 행했던 기록이 있습니다(출
34:15 ; 레 18:21, 20:5 ; 신 31:16).

이처럼 가나안 거민들도 심히 타락하여 심판받을 수밖에 없는 상황
이었습니다. 단지 심판의 방법이 소돔과 고모라, 폼페이와 달리 하나

님의 백성 이스라엘에 의한 진멸이었던 것입니다. 그렇다 해도 하나님께서 무조건 죄악이 관영하기를 기다렸다가 진멸하신 것은 아닙니다. 끝까지 기회를 주시지요.

예를 들어, 선지자 요나 시대에는 요나에게 명하여 니느웨 성에 하나님의 심판이 있을 것을 알리심으로 그들로 하여금 회개의 기회를 주셨습니다. 비록 이스라엘의 적국인 앗수르의 수도였지만, 니느웨 백성들이 죄를 회개하자 다시금 은혜를 주셔서 그 성을 멸하지 않았던 것입니다.

"여호와는 자비로우시며 은혜로우시며 노하기를 더디 하시며 인자하심이 풍부하시도다"(시 103:8)

그러나 여리고 사람들은 하나님께서 오래 참으시며 많은 기회를 주셨음에도 불구하고 회개하지 않았기 때문에 결국 진멸당하고 말았습니다.

라합과 그의 가족의 구원

더욱이 하나님의 인자하심과 긍휼하심을 다시 한 번 깨우칠 수 있는 사건이 나옵니다. 바로 두 정탐꾼을 도와주었던 기생 라합입니다. 라합은 이스라엘을 통해 베푸신 하나님의 역사들을 듣고 하나님을 믿었기에 정탐꾼들을 숨겨 주었습니다.

이 일로 정탐꾼들은 여리고를 점령할 때 라합과 그 가족은 살려 주겠다고 약속했는데 여기에는 단서가 있었습니다. 라합이 정탐꾼들을 창문으로 탈출시킬 때에 사용했던 붉은 줄을 창문에 매어 두고 라합과 그 가족들이 집 안에 머물러 있어야 한다는 것입니다. 이는 혼란스러운 전쟁 중에 지킴받기 위한 조건이었습니다.

이 조건을 보면 출애굽 당시 장자의 재앙과 비슷한 면이 있습니다. 하나님의 심판이 임하여 하룻밤 사이에 애굽의 초태생, 곧 모든 장자가 죽임을 당할 때에 이스라엘 백성들의 장자는 한 사람도 죽지 않았습니다. 이때도 단서가 있었는데 바로 집 문의 좌우 설주와 인방에 어린 양의 피를 발라야 하며, 집 밖으로 나가서는 안 된다는 것이었지요. 그래야 하나님께서 지켜 주신다는 것입니다.

이는 영적으로 하나님의 자녀들이 세상의 재앙에서 지킴받는 원리를 설명해 주고 있습니다. 오늘날은 죄악이 관영하여 날이 갈수록 각종 재앙들이 범람합니다. 전쟁과 기근, 지진과 태풍, 홍수, 각종 질병 등으로 무수한 사람들이 고통받기도 하고 생명을 잃기도 하지요.

그러나 예수님의 보혈의 공로로 인해 하나님의 자녀들은 재앙을 당하지 않도록 하나님께서 지켜 주십니다. 단, 그 보혈 가운데 거하는 사람이어야 합니다. 이스라엘 백성들이 문설주와 인방에 피를 바르고 문 밖으로 나가지 않으며, 라합의 가족이 창문에 붉은 줄로 표시한 뒤 집 밖으로 나가지 않은 것처럼 하나님의 말씀 안에 거하며 죄악된 세상과 짝하지 않아야 지킴받을 수 있는 것입니다.

요한일서 3장 24절에 "그의 계명들을 지키는 자는 주 안에 거하고 주는 저 안에 거하시나니 우리에게 주신 성령으로 말미암아 그가 우리 안에 거하시는 줄을 우리가 아느니라" 하신 대로 계명을 지킬 때 주님께서 함께하심으로 항상 지킴받을 수 있습니다. 오늘날 많은 사람들이 믿는다 하면서도 각종 재앙과 시험 환난으로 고통받는 것은 이러한 사실을 알지 못하기 때문입니다.

"가라사대 너희가 너희 하나님 나 여호와의 말을 청종하고 나의 보기에 의를 행하며 내 계명에 귀를 기울이며 내 모든 규례를 지키면 내가 애굽 사람에게 내린 모든 질병의 하나도 너희에게 내리지 아니하리니 나는 너희를 치료하는 여호와임이니라"(출 15:26)

비록 기생이었지만 하나님께서는 라합과 같이 마음이 선하고 하나님을 경외하는 사람들을 심판 가운데서도 구별하여 지키시는 것을 봅니다. 뿐만 아니라 라합 한 사람으로 인하여 그의 부모와 형제는 물론 친족에 이르기까지 모두 생명을 보존할 수 있었지요.
또한 라합은 이방 여인이었지만, 하나님을 믿는 믿음 안에서 예수님의 계보에 오르는 축복까지 받았습니다. 이처럼 하나님께서는 죄악으로 관영한 여리고 성을 심판하실 수밖에 없는 상황 속에서도 선한 사람은 구원에 이르도록 어찌하든지 인도해 주십니다.

여리고 건축에 관한 여호수아의 예언

여리고 성의 정복과 관련하여 또 하나의 놀라운 사건이 있습니다. 하나님의 명령대로 여리고 성을 무너뜨린 여호수아가 다시는 여리고가 건축되지 못할 것을 맹세하여 말합니다.

"이 여리고 성을 누구든지 일어나서 건축하는 자는 여호와 앞에서 저주를 받을 것이라 그 기초를 쌓을 때에 장자를 잃을 것이요 문을 세울 때에 계자를 잃으

리라"(수 6:26)

여호수아의 말이 하나님 앞에 얼마나 확실하게 보장되었는지 약 500년 후 아합 왕 시대에 그대로 임했던 것을 볼 수 있습니다.

열왕기상 16장 34절에 "그 시대에 벧엘 사람 히엘이 여리고를 건축하였는데 저가 그 터를 쌓을 때에 맏아들 아비람을 잃었고 그 문을 세울 때에 말째 아들 스굽을 잃었으니 여호와께서 눈의 아들 여호수아로 하신 말씀과 같이 되었더라" 했던 것입니다.

사람은 세월이 지나면 잊어버릴 수도 있고 기억이 희미해질 수도 있지만, 하나님께서 한 번 하신 말씀은 결코 변치 않으시며, 또한 선지자의 말을 반드시 보장해 주시는 것을 볼 수 있습니다.

나의 **언약을** 어기었나니

8

| 야간의 범죄 |

시날 산의 아름다운 외투 한 벌과
은 이백 세겔과 오십 세겔 중의 금덩이 하나를 보고 탐내어 취하였나이다
보소서
이제 그 물건들을 내 장막 가운데 땅 속에 감추었는데 은은 그 밑에 있나이다
(수 7:21)

여리고 성의 승리로 사기가 충천한 이스라엘 백성들은 다음 목표물인 아이 성을 향해 진군합니다. 이때 한 가지 이스라엘 백성들이 간과한 사실이 있었습니다. 여리고 성을 정복한 것은 그들의 능력이 뛰어나서가 아니라 하나님께서 함께하셨기 때문이라는 사실입니다.

그렇다면 아이 성을 공격할 때도 그저 눈에 보이는 대로 사람의 생각에 맞추어 공격할 것이 아니라 먼저 하나님의 뜻을 분별해 보아야 했습니다. 그러나 이스라엘 백성들은 아이 성과 같이 작게 여겨지는 일은 자신의 힘과 능력을 의지해 나갑니다.

아이 성 패전

먼저 아이 성을 탐지하고 온 정탐꾼들은 여호수아에게 "백성을 다 올라가게 말고 이삼천 명만 올라가서 아이를 치게 하소서 그들은 소수니 모든 백성을 그리로 보내어 수고롭게 마소서" 하고 건의합니다. 금성철벽 여리고 성도 수월하게 점령했으니 아이 성 정도는 문제 없다는 것입니다.

물론 여리고 성처럼 정복하기 어려운 문제라면 이스라엘 백성들도 하나님께 먼저 간구했겠지만, 조그만 아이 성은 자신들의 힘으로도 충분히 점령이 가능할 것처럼 보였지요. 여리고 성의 승리로 한층 고무된 여호수아는 여기서 결정적인 실수를 하고 맙니다.

하나님의 뜻을 알려고 하지 않고 정탐꾼의 말만 듣고 방심한 채 너무나 쉽게 공격을 결정했던 것입니다. 곧 요단 강을 지나고 여리고를 정복할 때처럼 하나님의 말씀에 따르지 않고 사람의 말에 귀 기울였던 것이지요.

결국 정탐꾼의 말을 듣고 삼천 명만 올라가 아이 성을 공격한 결과 이스라엘은 처참한 패배를 당하고 말았습니다. 아이 성 사람들에게 쫓겨 도망했을 뿐만 아니라 이스라엘 백성 중에서 36명 가량의 사상자가 난 것입니다.

분명 하나님께서 자신들과 함께하신다고 생각하고 승리를 확신했는데, 조그만 아이 성을 점령하지 못하고 사상자만 생겼으니 큰 충격이 아닐 수 없었습니다. 단순한 패배가 아니라 하나님께서 자신들과 함께 하지 않으신다는 심각한 문제가 제기된 것이지요.

이로 인해 여호수아 7장 5절을 보면 "아이 사람이 그들의 삼십육 인쯤 죽이고 성문 앞에서부터 스바림까지 쫓아와서 내려가는 비탈에서

첬으므로 백성의 마음이 녹아 물같이 된지라” 기록하고 있습니다.

이스라엘 백성들이 요단 강을 건너고 여리고 성을 점령했다고 해서 가나안 정복의 과업을 다 이룬 것이 아닙니다. 계속되는 전쟁 가운데 최후의 승리를 거둘 때까지 더욱 근신하고 절제하며 하나님의 도우심을 받아 가야 합니다.

흔히 세상에서도 사람들이 대업을 이룰 때 처음에는 굳은 각오로 신중하게 행하다가 큰 고비를 넘기고 나면 긴장이 풀리고 느슨해져 나태해지거나 교만해져 일을 그르치는 경우가 종종 있지요.

그러나 지금까지 이스라엘 백성들이 요단 강을 건너고 견고한 여리고 성을 손쉽게 정복한 것은 능력이 뛰어나서가 아니라, 하나님께서 함께하셨기 때문입니다. 이러한 사실을 망각한 그들은 쉽게 승리를 장담하였던 작은 아이 성에서 오히려 무참히 패하고 말았습니다.

아간의 범죄

여호수아는 이러한 충격적인 사실 앞에서 옷을 찢고 이스라엘 장로들과 함께 여호와의 궤 앞에 엎드려 티끌을 무릅쓰고 저물도록 하나님 앞에 간구했습니다. 이스라엘의 지도자로서 책임을 통감하고 회개하였던 것입니다.

“슬프도소이다 주 여호와여 … 주여 이스라엘이 그 대적 앞에서 돌아섰으니 내가 무슨 말을 하오리이까 가나안 사람과 이 땅 모든 거민이 이를 듣고 우리를 둘러싸고 우리 이름을 세상에서 끊으리니 주의 크신 이름을 위하여 어떻게 하시려나이까”(수 7:7-9)

하나님께서 함께하신다는 것을 알기에 이스라엘은 강대한 적들 앞에서 담대할 수 있었고, 가나안 거민들도 이스라엘을 두려워했던 것입니다. 그러나 아이 성에서 패한 것을 볼 때 하나님께서 이스라엘을 외면하신 것이 확실하며 만약 하나님께서 이스라엘을 떠나신다면 그들은 적진 한가운데서 멸망할 수밖에 없었습니다.

여호수아는 왜 이런 일이 일어났으며, 앞으로 어떻게 해야 할지 몰라 마음을 찢으며 하나님께 눈물로 호소합니다. 마찬가지로 우리가 가정이나 사업터, 일터에서 불통한 일이 있다면 반드시 문제가 있음을 깨달아 하나님 앞에 합당하지 않은 모습을 돌아보아 회개해야 합니다.

하나님께서는 이스라엘 장로들과 함께 여호와의 궤 앞에 엎드린 여호수아에게 패전의 이유를 알려 주십니다.

바로 가나안에서 처음으로 정복한 여리고 성과 그 가운데 모든 것을 하나님께 바치라 명하셨는데, 백성들 중에 누군가 이 명령을 거역했다는 것이었지요(수 7:11-12). 불순종한 죄의 문제를 해결하기 전에는 하나님께서 이스라엘과 함께하실 수가 없다고까지 하십니다.

이때 하나님께서는 죄를 범한 사람이 누구인지 직접 말씀하신 것이 아니라 모든 백성들 가운데 뽑으라고 하셨습니다.

여호수아는 하나님의 명을 백성들에게 전하며 스스로 성결케 할 것을 명하였습니다. 전쟁에 패하여 많은 것을 잃은 뒤 비록 늦은 감이 있긴 하지만 이제라도 돌이켜 이스라엘 가운데 죄의 문제를 해결해야만 했던 것이지요.

다음 날 아침, 일찍이 이스라엘의 모든 지파가 모인 가운데 제비를 뽑자, 유다 지파가 뽑혔습니다. 그 뒤 유다 지파 중 세라 족속이 뽑혔으며 그 중에서 삽디의 가족이 뽑혔고, 가족 중에서 최종적으로 뽑힌 사람이 바로 아간입니다.

수학적으로 볼 때 제비뽑기에 당첨될 확률은 동참한 각 사람이 동일합니다. 즉 백 명이 제비를 뽑는다면, 당첨될 확률이 백분의 일이지요. 그러나 하나님께서는 수백만 명에 이르는 이스라엘 백성 중에서 범죄한 아간 한 사람을 정확하게 뽑아 내셨다는 사실입니다.

잠언 16장 33절에도 보면 "사람이 제비는 뽑으나 일을 작정하기는 여호와께 있느니라" 말씀하신 대로 결코 우연이 아니요 하나님께서 친히 주관하신 것이지요. 따라서 이스라엘 백성들은 이후에도 하나님의 일을 이룰 때 제비 뽑는 것을 볼 수 있습니다.

곧 가나안 땅을 분배할 때, 하나님의 말씀을 어기고 다시스로 도망하는 요나로 인해 큰 풍랑을 만났을 때, 예수님의 제자였던 가룟 유다를 대신하여 맛디아를 세울 때도 제비를 뽑았던 것입니다(수 18:10, 19:51 ; 욘 1:7 ; 행 1:26).

극적으로 아간의 범죄를 드러내신 과정만 보아도 하나님께서 얼마나 모든 것을 밝히 아시고 주관하시는지 다시 한 번 확인할 수 있습니다.

"내 아들아 청하노라 … 네 행한 일을 내게 고하라 그 일을 내게 숨기지 말라"
(수 7:19)

"내가 노략한 물건 중에 시날 산의 아름다운 외투 한 벌과 은 이백 세겔과 오
십 세겔 중의 금덩이 하나를 보고 탐내어 취하였나이다"(수 7:21)

하나님께서 명하신 제비를 통해 꼼짝없이 지명된 아간은 여호수아
가 죄상을 묻자, 더 이상 숨기지 못하고 자신이 행한 일을 설명하며
훔친 것을 장막 안에 숨겨 놓았다고 실토했습니다.

우리는 이 사건을 통해 비록 한 사람의 범죄였지만 하나님께서 이스
라엘 전체와 함께해 주시지 않았다는 사실을 기억해야 합니다. 전도서
9장 18절 후반절에 "한 죄인이 많은 선을 패궤케 하느니라" 말씀한 대
로, 한 사람의 불순종이 이스라엘 전체를 죄악으로 더럽히는 것과 같
기 때문입니다.

조직 사회에서 개인의 잘못을 단체가 함께 책임을 지는 것은 오늘날
도 비슷합니다. 공무원 한 사람의 비리가 전체 공무원의 위신을 떨어
뜨리기도 하고 학교에서도 학생 한 사람의 잘못으로 반 전체가 기합을
받거나 불이익을 당하기도 하지요.

하나님께서 원하시는 것은 이스라엘 전체의 완전한 성결이요, 온전
한 순종입니다. 단 한 사람의 불순종이라도 있다면 하나님을 전체 가
운데서 떠나시게 하는 결과를 초래할 수 있는 것입니다.

죄의 문제를 해결한 후에야 정복한 아이 성

이스라엘은 이 상황을 해결하기 위해서 죄의 흔적을 온전히 소멸하고 하나님과의 막힌 담을 헐어야 했습니다. 그래서 여호수아는 아간이 훔친 은과 외투와 금덩이를 가지고 그에게 속한 가족과 짐승들, 모든 소유를 이끌고 골짜기로 가라고 합니다. 가서 돌로 친 후에 불사르고 그 위에 큰 돌무더기로 쌓았습니다. 이로 인해 그곳 이름을 오늘날까지 '아골 골짜기'라고 부르게 되었습니다.

단지 외투 한 벌과 은금을 훔쳤다고 이러한 징벌을 받는다는 것은 어떻게 보면 가혹하게 느껴질 수도 있습니다. 또한 출애굽기 22장을 보면 도적에 대한 처벌이 나오는데 도적질을 한 사람은 갑절로 배상하거나 혹 도적한 물건에 따라 4배, 5배로 배상할 것을 명시하고 있지요.

그러나 아간의 죄는 단순한 도적질이 아닙니다. 하나님께 구별된 성물을 도적질한 것으로 하나님을 두려워하지 않는 것, 곧 만홀히 여기고 믿지 않는 연고이기 때문입니다. 이렇게 이스라엘 백성들이 죄의 문제를 해결하고 난 후에야 하나님께서는 아이 성을 공략할 방법을 상세하게 알려 주셨습니다(수 8장).

하나님께서 알려 주신 방법은 이스라엘이 아이 성을 공격하다가 마치 패하는 척하고 달아남으로 아이 성의 군사들을 성에서 멀리 유인해 내는 것입니다. 이때 아이 성 주변에 매복해 있던 이스라엘 군사들이 비어 있는 아이 성을 점령하고 불사르라는 것이었지요.

여호수아는 하나님의 말씀을 좇아 군사들을 성읍 서편에 매복시키고 자신과 모든 군사들은 성의 북편에서 공격했다가 이내 후퇴하기 시작합니다. 이미 한 차례 승리를 맛본 아이 사람들은 금세 방심하여 성문까지 활짝 열어 놓고 이스라엘 군사들을 신이 나서 쫓아갔습니다.

이때 여호수아가 손에 잡은 단창을 들어 신호하니 매복했던 군사들이 작전대로 일어나 비어 있는 아이 성을 쉽게 점령한 뒤, 이미 도망할 곳을 잃은 아이 사람들을 협공하여 섬멸함으로 이스라엘은 큰 승리를 거두게 되었습니다.

아이 성 정복 과정에서 얻은 교훈

아이 성을 정복하는 과정에서 우리는 몇 가지 귀한 교훈을 얻을 수 있습니다. 먼저, 범사에 하나님의 뜻을 분별해야 한다는 사실입니다.

아이 성을 공격하기에 앞서 여호수아는 '아이 성이 작으니 삼천 명만 가면 되겠다.' 하고 사람의 생각 가운데 전술을 짜는 것이 아니라 하나님께 여쭈어야 했습니다. 가나안을 온전히 점령하는 최후의 순간까지 겸손한 마음으로 하나님의 능력을 구해야 하는 것이지요.

곧 우리가 어떤 일을 계획하고 이루어 갈 때에 가장 먼저 불같은 기도 가운데 성령의 음성을 듣고 인도받아 하나님의 뜻을 분별하는 것이 중요하다는 사실입니다.

또한 우리가 하나님과 동행하기 위해서는 철저히 죄악을 벗어 버리고 성결되어야 합니다. 이스라엘이 아이 성에서 패한 까닭은 그 성 거민들의 세력이 크고 강해서가 아닙니다. 아간의 범죄로 인해 하나님께서 이스라엘과 함께하지 않으셨기 때문이지요. 그래서 죄악을 이스라엘 중에서 제한 후에야 다시금 하나님의 도우심으로 승리할 수 있었습니다.

아간의 사건을 통해 알 수 있듯이 때로 사람들이 범하기 쉬운 잘못

 　젖과 꿀이 흐르는 땅

중의 하나는 하나님의 일을 이루는 것에 급급하여, 정작 중요한 하나님의 뜻을 분별하지 못할 때가 있습니다.

데살로니가전서 4장 3절을 보면 "하나님의 뜻은 이것이니 너희의 거룩함이라" 말씀하셨지만, 이스라엘 백성들이 보기에는 하루라도 빨리 아이 성을 공격하여 가나안 땅을 정복하는 것이 급하고 중요한 일이었던 것입니다. 그러나 하나님 편에서 무엇보다 중요한 것은 이스라엘이 하나님의 백성으로서 죄에서 떠나 거룩함을 유지하는 것이었습니다.

이는 오늘날도 마찬가지로서, 아무리 충성한다 해도 먼저 자신의 마음과 말과 행함을 끊임없이 돌아보아 죄악을 벗어 버림으로 모든 사람과 더불어 화평함과 거룩함을 좇을 수 있어야 합니다.

우리의 마음을 정결케 하고 성령의 주관을 받아 하나님께서 원하시는 대로 온전히 순종할 때라야 범사에 좋은 열매를 풍성히 거둘 수 있으며 하나님께 영광을 돌릴 수 있는 것입니다.

에발 산과 그리심 산에서의 율법 선포

이제 여호수아는 가나안을 정복하기 위해 계속 전진하는 것이 아니라, 백성들을 이끌고 하나님께 단을 쌓게 됩니다. 이는 모세의 유언이기도 합니다.

> "내가 오늘날 복과 저주를 너희 앞에 두나니 너희가 만일 … 여호와의 명령을 들으면 복이 될 것이요 … 너희 하나님 여호와의 명령을 듣지 아니하고 … 저주를 받으리라 … 너는 그리심 산에서 축복을 선포하고 에발 산에서 저주를 선포하라"
>
> (신 11:26-29)

가나안 땅 중앙에는 세겜을 사이에 두고 에발과 그리심이라는 두 개의 산이 있었는데, 모세는 여호수아에게 이곳에서 하나님의 명령을 다시금 백성에게 선포할 것을 당부하였습니다.

더욱이 당시 여호수아로서는 아간의 범죄로 인한 패전을 통해 다시 한 번 모세가 명한 하나님의 율법을 훈시해야 할 필요성을 절실히 느꼈을 것입니다.

여호수아는 단을 쌓은 후 이스라엘 백성 전체를 반으로 나누어 각각 에발 산 앞과 그리심 산 앞에 서게 했습니다. 그리고는 레위 사람이 백성들을 향해 하나님의 율법을 큰 소리로 선포하기 시작합니다.

축복의 율법을 선포할 때는 그리심 산에 선 시므온, 레위, 유다, 잇사갈, 요셉, 베냐민 지파 백성들이 "아멘!"으로 화답하고, 저주의 율법을 선포할 때는 에발 산에 선 르우벤과 갓, 아셀, 스불론, 단, 납달리 지파 백성들이 "아멘!"으로 화답하였습니다(신 27:12-13).

이렇게 계명을 선포하는 예식이 이스라엘 백성들의 마음에 어떤 영향을 끼쳤는지 상상이 되시는지요? 수백만의 무리가 둘로 나뉘어 선 가운데 하나님의 율법이 엄숙하게 선포되고 백성들은 우렁찬 "아멘!" 소리로 그 축복과 저주의 말씀에 응답하는 것입니다.

이 장엄하고 엄숙한 예식에 참석한 사람이라면 죽는 날까지 자신이 "아멘!"으로 화답한 하나님의 계명을 감히 어길 마음을 품을 수가 없었을 것입니다. 더욱이 말씀대로 행할 때 어떤 축복이 임하고 또 범죄할 때 어떤 저주가 임하게 되는지 아이 성의 패전을 통해 너무나 생생하게 느낄 수 있었기 때문이지요.

모세를 통해서 이미 수없이 가르친 내용이요, 그냥 말씀으로만 전해도 되었지만, 하나님께서는 이렇게 극적인 방법을 통해서 다시 한 번 백성들이 계명을 명심하도록 하셨던 것입니다.

하나님의 계명에 대한 중요성은 아무리 강조해도 지나침이 없습니다. 이렇게 하나님의 계명을 배우고 또 배웠다 해도 이스라엘의 역사를 살펴보면 하나님을 떠나 범죄하다가 기근과 전쟁, 이방의 압제 등으로 고통받는 것을 봅니다. 그때마다 회개하며 하나님을 찾지만, 평안해지면 또다시 계명을 저버렸지요.

그러나 문제를 해결받은 후 다시 죄악 가운데 거하면 오히려 전보다 더 큰 어려움을 당한다고 성경은 말씀하고 있습니다. 예수님께서 중풍병자를 고치신 후에 다시는 죄를 범치 말라 경고하셨고(요 5:14), 베드로후서 2장 20절에도 "만일 저희가 우리 주 되신 구주 예수 그리스도를 앎으로 세상의 더러움을 피한 후에 다시 그중에 얽매이고 지면 그 나중 형편이 처음보다 더 심하리니" 하셨습니다.

하나님께서 원하시는 자녀들의 모습은 당장 고난을 모면하기 위해서나 재앙이 두려워서 억지로 믿는 것이 아닙니다. 정녕 하나님의 마음을 알고 그 사랑에 감사함으로, 기쁨으로 계명을 지키며 하나님의 마음을 닮아 거룩하게 변화된 참자녀들을 원하시는 것입니다.

태양아 달아

머무르라

9

| 기브온 전투 승리 |

여호수아가 여호와께 고하되
…
태양이 머물고 달이 그치기를 백성이 그 대적에게 원수를 갚도록 하였느니라
(수 10:12-13)

이스라엘이 가나안으로 들어갈 당시 팔레스타인에 자리잡고 있던 토착민 중 비교적 큰 무리를 형성한 족속들은 크게 일곱 족속으로 아모리 족속, 가나안 족속, 브리스 족속, 헷 족속, 히위 족속, 여부스 족속, 기르가스 족속입니다.

일곱 족속 중에 기르가스 족속은 비교적 세력이 미약하였고, 후에는 다른 족속들 중에 흩어져 버렸기에 성경에는 간혹 기르가스를 제외한 여섯 족속만을 언급하기도 합니다. 그 외에도 가나안 땅 주변으로 블레셋과 아말렉 족속, 겐 족속 등이 있었지요.

가나안의 중심부라 할 수 있는 아이 성까지 함락되자, 가나안 지경

당시 가나안 지역에 거주
하던 여러 족속
시돈
히위 족속
헷 족속
기르가스
족속
갈릴리
바다
가나안 족속
아모리 족속
브리스 족속
히위 족속
암몬
사
해
블레셋 족속
아모리 족속
헷 족속
모압
겐 족속
에돔

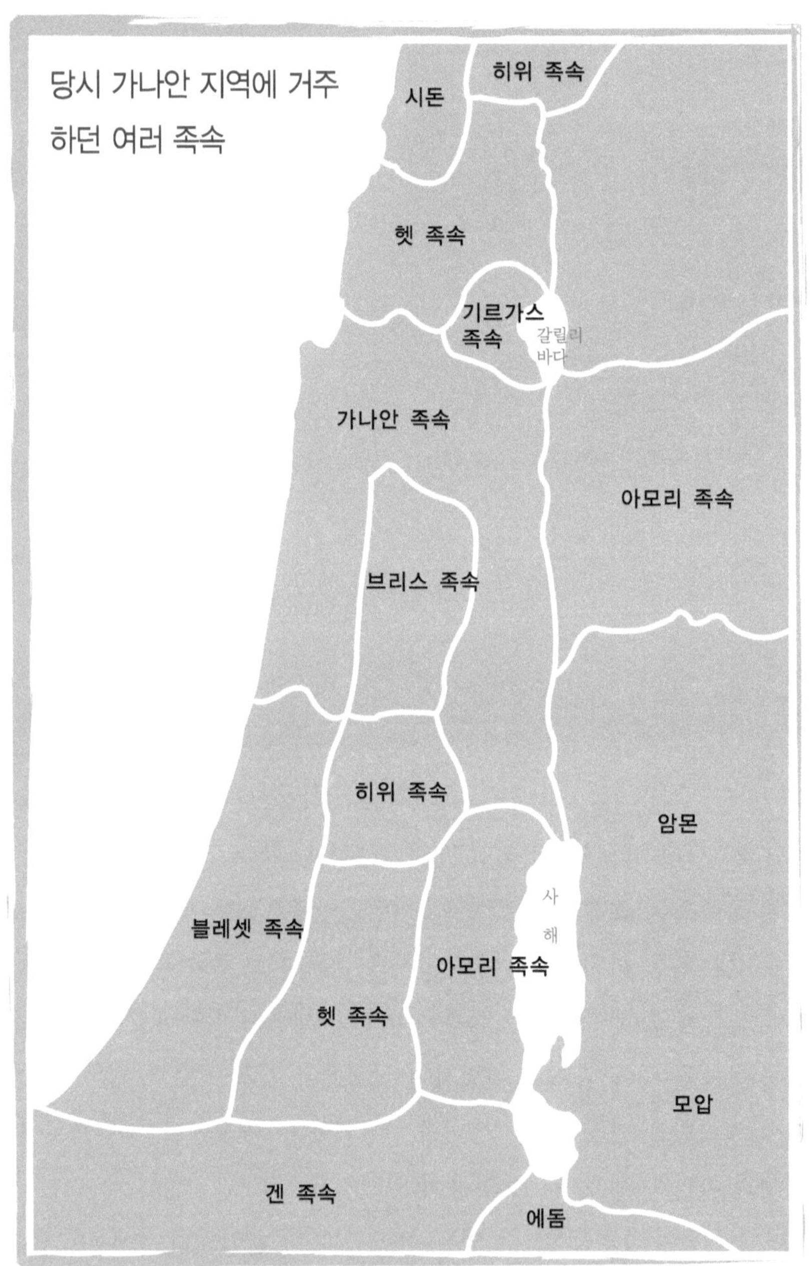

 │ 젖과 꿀이 흐르는 땅

에 거하던 여러 족속들은 두려워 떨면서 대책을 강구하기에 이릅니다. 그 중 헷 사람과 아모리 사람, 가나안 사람, 브리스 사람, 히위 사람, 여부스 사람은 서로 동맹을 맺음으로 힘을 합하여 싸울 것을 결의하였지요.

한편, 살아남기 위해 몰래 이스라엘과 화친하려는 움직임도 있었습니다.

화친을 맺기 위한 기브온 거민들의 속임수

하루는 낯선 사람들이 이스라엘 백성의 진까지 찾아와서 화친을 요청했습니다. 이스라엘 진영에서는 낯선 사람들을 향해 경계심을 늦추지 않은 채 질문을 합니다.

"너희가 우리 중에 거하는 듯하니 우리가 어떻게 너희와 약조할 수 있으랴"(수 9:7)

그들은 자신들이 심히 멀리 떨어진 지방에 사는 족속인데 여호와 하나님의 명성, 곧 애굽에서 행하신 일들이나 출애굽 후 타민족을 정벌한 모든 소문을 듣고 화친을 위해 찾아왔다고 말합니다. 그러나 그들은 먼 곳에서 온 사람들이 아니었습니다. 가나안 일곱 족속 중 기브온 땅에 거하던 히위 족속 사람들로 무모한 싸움보다는 얄팍한 꾀로 이스라엘을 속이려 했던 것입니다.

당시 히위 족속은 크게 북쪽 헬몬 산 지역과 가나안 중앙부 기브온 지역으로 나뉘어 살고 있었는데 화친을 맺기 위해 찾아온 사람들은 기브온 지역에 사는 히위 족속 사람들이었습니다. 이런 이유로 성경에는 그들을 히위 족속이라고도 하고 기브온 거민이라고도 하는 것입니다.

원래 하나님께서는 이스라엘 백성들에게 가나안 땅의 거민들과는 어떤 약속도 하지 말고, 불쌍히 여기지도 말라고 하셨습니다.

하나님께서 가나안 거민들과 화친하지 말라고 하신 이유는 가나안 땅의 타락한 풍속으로 인해 이스라엘이 죄악에 물드는 것을 염려하셨기 때문입니다. 앞서 언급한 대로 당시 가나안 땅을 비롯하여 주변 나라에서는 자신의 자녀를 산 채로 불태워 신의 제물로 바치는 무자비한 일뿐만 아니라 음란한 행위가 성행하였습니다.

그러나 가나안에서 멀리 떨어진 곳에 사는 족속들이 이스라엘을 섬기며 싸우고자 하지 않을 때에는 그들과 화친해도 된다고 허락하셨지요.

지금 여호수아를 찾아온 사람들은 너무 멀리 떨어진 곳에서 왔기 때문에 처음 출발할 때 가져온 떡에 곰팡이가 생겼고, 옷과 신과 가죽부대 등이 다 낡아 버렸다며 그 증거까지 보여 줍니다.

그래서 여호수아는 자세히 알아보지도 않고 하나님께 묻지도 않은 채 이들과 화친을 하게 됩니다.

"무리가 그들의 양식을 취하고 어떻게 할 것을 여호와께 묻지 아니하고 여호수아가 곧 그들과 화친하여 그들을 살리리라는 언약을 맺고 회중 족장들이 그들에게 맹세하였더라"(수 9:14-15)

지난번 아이 성을 칠 때 하나님께 의뢰하지 않고 정탐꾼들의 말만 듣고 행했는데 또다시 하나님의 뜻을 묻지 않은 채 사람의 말을 따르는 실수를 낳은 것입니다.

기브온은 이스라엘이 진을 치고 있는 길갈에서 얼마 떨어지지 않은 거리였고, 그들이 보여 준 마른 떡이나 낡은 의복 등은 모두 거짓 증거들이었습니다. 이스라엘 백성들은 3일 후에야 그들이 기브온에 거하는 히위 족속인 줄 알았지만, 이미 화친을 맺은 뒤였습니다.

그 결과 앞으로 자신들이 정복해야 할 기브온 지역을 히위 족속에게 고스란히 넘겨 주는 형국이 되고 말았지요. 비록 상대의 거짓말에 속은 것이라고는 해도 하나님 앞에서 맹세의 말로 화친하였기에 돌이킬 수가 없었습니다.

"너희가 우리 가운데 거주하거늘 어찌하여 … 우리를 속였느냐"(수 9:22)

"당신의 하나님 여호와께서 그 종 모세에게 명하사 이 땅을 다 당신들에게 주고 이 땅 모든 거민을 당신들의 앞에서 멸하라 하신 것이 당신의 종에게 분명히 들리므로 당신들을 인하여 우리 생명을 잃을까 심히 두려워하여 이같이 하였나이다"(수 9:24)

여호수아는 하나님 앞에 언약한 것이기에 살려 주는 대신 그들로 하여금 이스라엘의 종이 되어 나무 패고 물 긷는 자로서 섬기도록 합니다(수 9:27).

혹자는 '상대가 의도적으로 속인 것이니 약속을 파기해도 되지 않느냐?'고 할 수 있지만, 그런 약속이라 해도 하나님 앞에서 약속한 것은 반드시 지켜야 합니다.

우리가 누구와 약속을 했든 마찬가지입니다. 그 약속이 내게 유익이 되지 못하고 오히려 손해가 간다 할지라도 이미 약속했다면 지켜야 합니다. 설령 상대가 속였다 할지라도 내가 실수하여 속임을 당한 것이므로 임의로 약속을 파기할 수 없는 것이지요.

기브온 사건이 주는 교훈

이 사건을 통해 우리는 크든 작든 범사에 하나님의 뜻을 깨달아 행하는 것이 얼마나 중요한지 알 수 있습니다.

이스라엘은 기브온 거민과 화친을 맹세함으로 비록 고의적인 불순종은 아니었지만 "가나안 거민과 화친하지 말라" 하신 하나님의 명령을 어기고 말았습니다. 성급하게 화친을 맹세하기에 앞서 하나님의 뜻을 한 번 여쭈어 보기만 했어도 사람의 말에 속아서 잘못된 맹세를 하는 일은 결코 없었을 것입니다.

우리 역시 직장이나 일터에서 믿지 않는 사람들과 여러 가지 계약이나 거래를 할 때 때로는 악한 사람들이 자기의 유익을 좇아 고의적으로 속이려 하는 경우가 있습니다. 이때 하나님의 말씀에 '상대의 유익을 구하라'(고전 10:24) 하셨으니 무조건 상대에게 맞추어서는 안 됩니다.

우리가 선을 좇아 행함으로 상대의 유익을 구해 주는 것과 속아서
피해를 입는 것은 전혀 다른 문제이지요. 눈에 보이는 사실만 가지고
생각이 동원되면 악한 사람의 의도를 깨닫지 못하므로 속을 수가 있습
니다. 특히 큰 이익이 눈앞에 보인다면 더 쉽게 상대의 말을 믿어 버
리기도 하지요.

그러므로 무슨 일이든 먼저 불같은 기도를 통해 하나님의 뜻을 깨달
아 지혜롭게 분별하는 것이 중요합니다. 욕심이 없는 선한 마음 가운
데 성령의 주관을 받으면 하나님의 지혜를 얻으므로 상대가 속이려 할
때에도 성령께서 깨닫게 하시며, 또한 피할 길을 주시는 것입니다.

다음으로, 입술의 말이 얼마나 중요한지 알 수 있습니다.

기브온 거민과 화친을 맺은 지 수백 년이 지난 후 다윗 시대에 기브
온 사람들의 일로 인하여 이스라엘에 재앙이 임한 일이 있었습니다. 3
년 동안이나 계속되는 기근으로 다윗이 하나님께 기도하자, 이스라엘
이 기브온 사람에게 한 맹세를 어겼기 때문이라는 것입니다.

곧 다윗의 선대왕이자 이스라엘의 초대 왕이었던 사울이 여호수아
시대에 기브온 사람들에게 한 맹세를 어기고 그들을 멸하려고 했기 때
문에 그 보응으로 이스라엘 전역에 기근의 재앙이 임한 것이지요. 결
국 기브온 사람들의 요청대로 사울의 후손 일곱을 죽인 후에야 기근이
그친 것을 볼 수 있습니다.

사사기 11장에도 보면, 입술의 말로 인하여 큰 고통을 자초한 사람
이 나옵니다. 바로 이스라엘의 사사였던 입다이지요. 그는 암몬 자손
과의 싸움을 시작하면서 서원하기를 하나님께서 그 싸움에 승리를 주

시면 집에 돌아갈 때 처음 자신을 영접하는 사람을 하나님께 번제로 드리겠다고 합니다.

하나님께서는 사람을 번제로 받으시는 분이 아니요, 먼저 번제로 드리라 하신 것도 아니지만, 입다는 힘든 전투를 앞두고 스스로 서원을 했고, 결국 암몬과의 싸움에서 승리를 거두었습니다.

승리한 입다가 집에 돌아왔을 때 가장 먼저 그를 영접한 사람은 다름 아닌 자신의 무남독녀 외동딸이었습니다. 승리하여 돌아오는 아버지를 맞이하기 위해 기쁘고 행복한 마음으로 소고를 잡고 춤추며 나왔던 것입니다.

이에 입다가 "슬프다 내 딸이여 너는 나로 참담케 하는 자요 너는 나를 괴롭게 하는 자 중의 하나이로다 내가 여호와를 향하여 입을 열었으니 능히 돌이키지 못하리로다"(삿 11:35) 하고 옷을 찢으며 슬퍼합니다.

그를 처음으로 맞이한 사람이 자신의 외동딸이 아니었다 해도 죽기를 기뻐할 사람은 없습니다. 그러나 입다는 자신의 목적을 이루기 위해 사람의 생명을 거는 성급하고 경솔한 서원을 했고, 그로 인해 하나밖에 없는 딸을 번제로 드려야 하는 고통을 겪어야만 했습니다.

만약 그가 서원을 어기고 딸을 바치지 않았다면 입다는 자신의 말을 지키지 않은 것에 대해 사단의 송사를 받음으로 딸을 잃은 것보다 더 큰 어려움에 처할 수도 있었을 것입니다. 그만큼 말의 권세가 큰 것이요 심지어 사람을 죽이고 살릴 권세까지 있다는 사실입니다(잠 18:21).

우리는 항상 입술을 삼가 조심함으로 결코 사단의 송사를 받을 만한 말을 내지 않아야 할 것입니다. 성급하게 맹세하는 말뿐만 아니라 불

펑이나 원망, 혹은 부정적인 말이나 다른 사람을 판단 정죄하는 말을 비롯하여 모든 무익한 말들을 버리고 오직 진리의 말, 선한 말만 내어 하나님 앞에 기쁨이 되어야 하겠습니다.

가나안 남부 지역의 전투

이스라엘과 화친을 맺은 기브온은 왕도(王都)와 같이 크고 용사들도 강한 성읍이었습니다. 그러한 기브온조차 살아남기 위해 이스라엘과 화친했다는 소식은 주변 가나안 족속들에게 신속히 알려졌고, 그들을 두려움으로 몰아넣었습니다. 더욱이 기브온 지역의 저항이 없어짐으로 이스라엘의 군대가 신속히 진군할 수 있게 된 것입니다.

이에 기브온 주변에 거하는 아모리 족속의 다섯 왕들은 연합군을 결성하여 그들 편에서 볼 때 변절자와도 같은 기브온을 공격하게 됩니다. 연합군의 기세에 밀린 기브온 거민들은 즉시 사람을 보내어 이스라엘의 지원을 요청했습니다.

"속히 우리에게 올라와서 우리를 구조하소서 산지에 거하는 아모리 사람의 왕들이 다 모여 우리를 치나이다"(수 10:6)

'위기는 기회'라는 말처럼 아모리 족속의 연합은 이스라엘에게 매우 불리한 상황이었지만, 한편으로는 절호의 기회가 될 수도 있었습니다. 가나안 땅의 성읍들을 순차적으로 공격하려면 그만큼 많은 시간이 걸려야 하지만, 연합군을 단번에 물리치면 한꺼번에 많은 성읍을 얻을 수 있었던 것입니다.

여호수아의 정복 활동

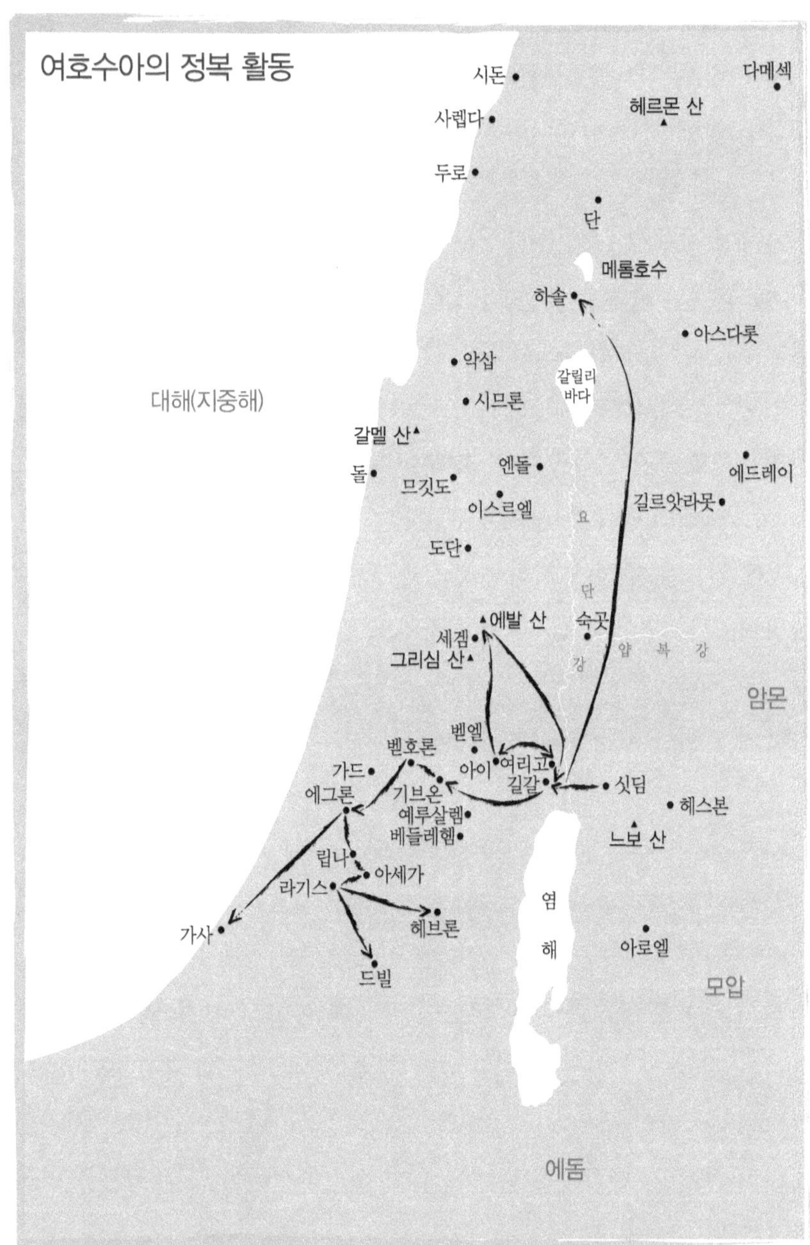

 | 젖과 꿀이 흐르는 땅

"두려워 말라 내가 그들을 네 손에 붙였으니 그들의 한 사람도 너를 당할 자 없으리라"(수 10:8)

기브온의 구조 요청을 들은 이스라엘은 하나님께서 함께하시므로 지체하지 않고 한 밤 동안 신속히 이동하여 아모리 왕들을 급습합니다. 기습 공격에 놀란 아모리 족속의 연합군은 제대로 대항해 보지도 못한 채 금세 이스라엘 군대에 패하여 도망치기 시작했고 이스라엘은 그들을 추격해 갔습니다.

이때 하나님께서는 이스라엘 백성들을 위해 놀라운 일을 베푸십니다. 기브온에서부터 벧호론에 올라가는 비탈길을 따라 도망하는 아모리 족속을 쫓아갈 때 갑자기 하늘에서 우박이 떨어지기 시작하는 것입니다. 얼음알갱이로 이루어진 우박은 고체로서 공기 저항을 크게 받지 않으므로 떨어질 때 가속도가 붙어 그 크기에 따라 무서운 파괴력을 갖습니다. 사람의 목숨은 물론 건물까지도 파괴할 수 있을 정도이지요.

"그들이 이스라엘 앞에서 도망하여 벧호론의 비탈에서 내려갈 때에 여호와께서 하늘에서 큰 덩이 우박을 아세가에 이르기까지 내리우시매 그들이 죽었으니 이스라엘 자손의 칼에 죽은 자보다 우박에 죽은 자가 더욱 많았더라"(수 10:11)

이것만으로도 믿을 수 없을 만큼 놀라운 일이었지만, 감탄만 하고 있을 여유가 없었습니다. 아직 남아 있는 적군을 추격해야 하기 때문이지요. 날이 어두워지면 달아나던 적군들이 숨기 쉬워지므로 해가 지기 전에 서둘러 싸움을 마쳐야 했던 것입니다.

태양과 달이 멈춘 기적의 사건

어느덧, 해질 무렵이 다 되어 벌써 동편으로는 달이 보이기 시작합니다. 순간 여호수아는 하나님의 명령을 온전히 수행하기 위해 놀라운 믿음을 내보입니다.

"태양아 너는 기브온 위에 머무르라 달아 너도 아얄론 골짜기에 그리할지어다"
(수 10:12)

세상에 아무리 큰 권세를 가진 왕이라 할지라도 태양과 달을 어찌 주관할 수 있겠습니까? 해와 달을 향해 명령하기는커녕 오히려 아모리 족속은 해와 달을 자신들의 신으로 섬기고 숭배하기까지 하였습니다.

그러나 만물을 주관하시는 하나님을 의지함으로 여호수아는 하늘의 해와 달에게도 담대히 명할 수 있었고, 살아 계신 하나님께서는 능히 그 말을 보장하셨습니다.

"태양이 머물고 달이 그치기를 백성이 그 대적에게 원수를 갚도록 하였느니라 야살의 책에 기록되기를 태양이 중천에 머물러서 거의 종일토록 속히 내려가지 아니하였다 하지 아니하였느냐"(수 10:13)

여호수아가 명하자 해와 달이 멈추었습니다. 상식적으로는 있을 수 없는 일이지만 전능하신 하나님의 능력으로는 얼마든지 가능합니다.

마태복음 17장 20절에도 보면 "너희가 만일 믿음이 한 겨자씨만큼만 있으면 이 산을 명하여 여기서 저기로 옮기라 하여도 옮길 것이요 또 너희가 못할 것이 없으리라” 말씀하셨습니다.

물론 하나님께서 아무 때나 산을 들어 옮기시고 해와 달을 멈추시는 것은 아닙니다. 창조의 섭리 가운데 정확하게 운행되는 우주의 질서를 혼란시킬 수는 없는 일이기 때문입니다.

그러나 하나님의 섭리를 이루기 위해 필요한 시점에서 하나님의 자녀들이 영적인 믿음을 내보이기만 한다면, 해와 달을 멈추는 것 이상의 놀라운 역사라도 하나님께서는 능히 나타내 주실 수 있는 것입니다.

이날의 전투에 대해 여호수아 10장 14절에 기록하기를 “여호와께서 사람의 목소리를 들으신 이 같은 날은 전에도 없었고 후에도 없었나니 이는 여호와께서 이스라엘을 위하여 싸우셨음이니라” 말씀했습니다.

여호수아와 이스라엘은 이 전투에서 막게다, 립나, 라기스, 에글론, 헤브론, 드빌 등 가나안 남부의 주요 성읍들을 신속하게 점령했습니다.

이어 “가데스 바네아에서 가사까지와 온 고센 땅을 기브온에 이르기까지 치매 이스라엘의 하나님 여호와께서 이스라엘을 위하여 싸우신 고로 여호수아가 이 모든 왕과 그 땅을 단번에 취하니라”(수 10:41-42) 하신 대로 이스라엘은 가나안 땅의 남부 지역을 대다수 점령한 것입니다.

여호수아가 자신의 생각과 이론을 동원했을 때에는 사람에게 속임을 당하고 실수할 수밖에 없었지만, 오직 하나님의 뜻을 분별하고 그 뜻에 순종했을 때에는 해와 달을 머무르게 하는 놀라운 하나님의 역사가 나타났던 것을 볼 수 있습니다.

이처럼 우리도 오직 전능하신 하나님을 바라보고 긍정적인 믿음의 고백과 함께 믿음의 행진을 해 나간다면 범사에 형통한 길로 인도받을 수 있는 것입니다. 마가복음 9장 23절에 "할 수 있거든이 무슨 말이냐 믿는 자에게는 능치 못할 일이 없느니라" 하신 대로 우리를 통하여 상상할 수 없는 놀라운 하나님의 역사가 나타나게 되는 것이지요.

그러므로 기도와 말씀으로 무장하여 하나님의 뜻을 분별하며, 그 뜻에 순종함으로 항상 하나님께 영광돌리는 복된 삶을 영위하시길 바랍니다.

이 산지를 10
내게 주소서

| 갈렙의 헌신 |

갈렙이 여호수아에게 말하되

…

그날에 여호와께서 말씀하신 이 산지를 내게 주소서
(수 14:6-12)

여호수아와 이스라엘 백성들은 여러 과정들 속에서도 자신들의 믿음을 더욱 견고케 하며 계속해서 가나안 땅을 정복해 나갔습니다. 여리고를 비롯한 중앙지역의 전투에 이어 남부지역 왕들의 연합군을 격파한 이스라엘은 쉴 틈도 없이 다음 전쟁을 준비해야 했지요.

이스라엘이 전능하신 하나님의 능력으로 남부지역까지 점령했다는 소식은 북부지역의 부족들에게도 신속하게 알려졌습니다. 가뜩이나 두려움 속에 경계의 눈초리로 이스라엘을 주시하고 있던 가나안 족속들은 얼마나 놀랐겠습니까.

이제 이들은 힘을 하나로 뭉치고 사력을 다해 이스라엘 백성들을 대적해야 할 필요성을 절감하게 되었습니다. 그중에서도 큰 힘을 가진 성읍 하솔 왕 야빈은 급히 주변 나라들에 사신을 보내어 이스라엘에 대항하는 연합군을 결성했습니다.

가나안 북부지역의 전투

마돈 왕, 시므론 왕, 악삽 왕, 북방 산지와 긴네롯 남편 아라바와 평지와 서방 돌의 높은 곳에 있는 왕들, 동서편 가나안 사람, 아모리 사람, 헷 사람, 브리스 사람, 산지의 여부스 사람, 미스바 땅 헤르몬 산 아래 히위 사람들에 이르기까지 수많은 족속들이 하나로 뭉쳤던 것입니다(수 11:1-3).

이들이 모든 군대를 거느리고 나왔을 때 그 수가 마치 해변의 모래와 같이 많았고 말과 병거도 심히 많았습니다. 이스라엘은 오랜 광야 생활과 이미 여러 차례 전쟁을 치른 후였고, 다른 동맹군의 도움도 없이 연합군을 상대해야 했습니다. 자신들의 병력과 힘을 의지한다면 두렵고 떨림으로 낙심할 수도 있는 상황이었습니다.

그러나 이번에도 하나님께서는 승리를 약속하시며 여호수아를 격려해 주십니다.

"여호와께서 여호수아에게 이르시되 그들을 인하여 두려워 말라 내일 이맘 때에 내가 그들을 이스라엘 앞에 붙여 몰살시키리니 너는 그들의 말 뒷발의 힘줄을 끊고 불로 그 병거를 사르라"(수 11:6)

여호수아와 이스라엘 군사들은 승리를 약속하시는 하나님의 말씀이 떨어지기가 무섭게 지체하지 않고 수많은 적을 향해 기습 공격해 들어 갑니다. 만일 이스라엘이 현실을 바라보며 주저하였다면 그와 같이 담대히 나갈 수 없었을 것입니다.

자신들의 병력을 믿고 물가에 진을 친 연합군은 졸지에 당한 급습으로 혼란에 빠질 수밖에 없었습니다. 비록 중과부적(衆寡不敵)인 싸움이었지만 하나님께서 그들을 이스라엘에 붙이시니 감히 상대가 되지 않았던 것입니다.

이스라엘은 가나안 족속들의 연합군을 일시에 격파하여 한 사람도 남기지 않았으며, 하나님께서 명하신 대로 잡은 말들의 뒷발 힘줄을 끊고 병거를 불살랐습니다.

또한 연합군의 중심이라 할 수 있는 강대한 성읍 하솔을 불살라 패역한 가나안 땅에 대한 하나님의 심판을 알게 하였고, 나머지 성읍들도 차례로 점령하였지요. 이렇게 해서 또 한 차례의 큰 전투를 마치게 됩니다.

중부와 남부에 이어 북부지역의 싸움에서 승리함으로 이제 가나안 정복 전쟁은 한차례 대단원의 막이 내려진 것입니다. 하나님께서 약속하신 가나안을 마침내 이스라엘이 취하는 순간이었습니다.

"이와 같이 여호수아가 여호와께서 모세에게 이르신 말씀대로 그 온 땅을 취하여 이스라엘 지파의 구별을 따라 기업으로 주었더라 그 땅에 전쟁이 그쳤더라"

(수 11:23)

가나안 땅에 대한 약속의 성취

이날이 있기까지는 참으로 오랜 세월이 걸렸습니다. 하나님께서 믿음의 조상 아브라함의 시대에 가나안 땅을 주시리라고 하신 약속이 수백 년이 지난 모세의 시대에 와서야 눈에 보이는 역사로 드러났던 것입니다. 또한 모세와 함께 출애굽한 후로도 이 약속이 성취되기까지는 다시 40년의 광야생활과 여호수아를 필두로 7여 년간의 정복 전쟁을 거쳐야 했습니다.

하나님께서는 젖과 꿀이 흐르는 가나안 땅을 주시리라 하셨지만, 그 말씀에는 반드시 단서가 붙어 있습니다. 바로 믿고 순종하는 사람만이 이 약속의 축복을 받을 수 있다는 것입니다.

예를 들어, 출애굽기 15장 26절을 보면 "너희가 너희 하나님 나 여호와의 말을 청종하고 나의 보기에 의를 행하며 내 계명에 귀를 기울이며 내 모든 규례를 지키면 내가 애굽 사람에게 내린 모든 질병의 하나도 너희에게 내리지 아니하리니" 말씀하셨습니다.

곧 우리가 질병과 상관 없으려면 '여호와의 말을 청종하고 의를 행하며 계명에 귀를 기울이고 모든 규례를 지키라'는 것이지요. 이처럼 하나님께서 주신 약속이 성취되기 위해서는 반드시 받는 사람 편에서도 믿음의 분량 가운데 축복받을 수 있는 조건을 갖추어야 합니다.

이스라엘 백성들이 '가나안 땅에 들어가리라'는 약속 또한 믿음을 가져야 한다는 조건이 있었고, 이러한 조건을 갖출 수 있도록 하나님께서는 너무나 큰 기사와 표적을 수없이 보여 주셨습니다.

그럼에도 불구하고 믿음을 갖지 못한 출애굽 1세대는 여호수아와 갈렙을 제외하고 모두 광야에서 죽었고, 하나님의 약속은 지연될 수밖에 없었던 것이지요.

그러나 출애굽 2세대들은 이전 세대와 달리 하나님께 대한 확고한 믿음이 있었기에 여호수아와 함께 순종해 나아감으로 마침내 젖과 꿀이 흐르는 땅을 취할 수 있었던 것입니다.

모세의 뒤를 이어 이스라엘의 지도자가 된 여호수아의 철저한 믿음과 순종이 있었고, 또한 여호수아를 따르는 이스라엘 백성들이 있었기에 그들을 통해 하나님의 약속이 성취되었던 것이지요.

각 지파의 믿음으로 취해야 할 단계

이스라엘이 가나안 땅을 점령했다고 해서 모든 과업이 끝난 것은 아닙니다. 하나님께서 약속하신 가나안 땅이 크게 본다면 이스라엘의 점령 하에 들어왔지만, 가나안의 모든 이방 족속을 다 멸한 것은 아니었습니다. 아직 곳곳에 남아 있는 가나안 거민들을 몰아내고 점령한 땅에 정착함으로 완전히 자신들의 땅으로 취해야 했던 것입니다.

나라 간의 정복사를 보면 한 나라를 정복했다 해서 모든 전쟁이 완전히 끝나고 평화로워지는 것은 아닙니다. 곳곳에 자신들의 영토를 회복하기 위한 저항 세력이 있기 때문입니다. 대부분 혈족관계로 이루어진 부족국가라면 배타적인 성향으로 이러한 현상이 더욱 두드러질 수도 있습니다.

오랜 세월 동안 전쟁을 이끌어 왔던 여호수아도 나이 많아 늙었고, 앞으로도 계속해서 남은 땅들을 취해 나가야 하므로 하나님께서는 전쟁의 양상을 다르게 하십니다.

점령한 땅들은 물론 앞으로 점령할 땅들까지 이스라엘의 각 지파에게 분배하라고 명하신 것입니다. 지금까지는 이스라엘 모든 지파들이 하나 되어 정복 전쟁을 이끌어 간 반면에 앞으로는 각 지파의 믿음대로 자신들의 몫을 차지해 나가도록 명하신 것이지요.

따라서 이제부터 자신의 기업을 공고히 하는 것은 각 지파의 행함에 달려 있습니다. 각자 얼마나 영적인 믿음을 내보이는가, 순종하여 하나님의 뜻대로 이행하는가에 따라 각 지파마다 하나님께서 주신 약속의 결과가 달라지는 것입니다.

그런데 이때 모든 지파에 앞서 자신에게 주어진 권리를 주장하는 한 사람이 있었습니다. 바로 여분네의 아들 갈렙입니다.

갈렙의 믿음과 헌신

처음 모세의 인도 아래 출애굽한 이스라엘 백성들이 가데스 바네아에서 가나안 땅을 정탐하기 위해 보냈던 열두 명의 정탐꾼 가운데 오직 두 사람만이 믿음의 고백을 했습니다.

하나님의 큰 권능을 수없이 보고도 열 정탐꾼의 부정적인 보고만 듣고 하나님을 원망함으로 광야에서 죽음을 맞았던 출애굽 1세대와 달리 믿음의 고백을 했던 두 사람만은 약속의 땅으로 들어갈 수 있었지요.

그중 한 사람은 출애굽 2세대의 지도자인 여호수아였고, 다른 한 사람이 바로 유다 지파의 갈렙입니다.

"오직 내 종 갈렙은 그 마음이 그들과 달라서 나를 온전히 좇았은즉 그의 갔던 땅으로 내가 그를 인도하여 들이리니 그 자손이 그 땅을 차지하리라"(민 14:24)

갈렙은 불순종한 이스라엘 백성들과 함께 40여 년간 광야에서 연단받을 때나 그 후로 7년 동안 가나안에서 수없는 전쟁을 치를 때에도 하나님께서 자신에게 주셨던 약속을 잊은 적이 없었습니다.

세월이 흐르다 보면 약속을 잊기도 하고 소홀히 여기기도 하는데, 갈렙은 40년이 넘는 오랜 세월이 지나는 동안에도 잊지 않고 항상 기도하며 기다려 왔던 것이지요.

그리고 마침내 가나안 땅을 분배하는 시점에 이르렀을 때 그는 하나님께서 약속하신 말씀을 상기시키며 자신에게 그 땅을 달라고 요청하는 것입니다.

갈렙의 요구는 과거에 자신이 잘한 일을 내세워서 어떤 대가를 얻겠다는 것이 아닙니다. 오랫동안 여호수아와 함께한 이스라엘의 어른이요, 전쟁에도 많은 공을 세웠으니 그만한 대가를 취하겠다는 주장도 아니었습니다.

오히려 40년이 넘는 연단 가운데 더욱 견고해진 믿음의 표현이자 하나님의 뜻을 이루는 데 있어서 누구보다 앞장서서 헌신하겠다는 섬김의 표현이었습니다.

그가 요구하는 헤브론 지역은 아브라함과 사라, 이삭과 야곱의 유해를 장사한 막벨라 굴이 있는 곳으로 조상의 뼈가 묻힌 중요한 곳입니다. 또한 열두 정탐꾼이 가나안을 탐지하며 밟았던 땅으로 아직 이방 족속인 아낙 자손이 차지하고 있었으므로 지금부터 싸워서 취해야 하는 열악한 지역이었던 것입니다.

아낙 자손은 과거에 열 정탐꾼이 '네피림 후손 아낙 자손 대장부들을 보았는데 그들에 비하면 우리는 메뚜기 같다.'고 하며 두려워했던 강대한 족속이었습니다. 갈렙은 이미 점령된 안전한 땅을 요구하는 것이 아니라, 강대한 아낙 자손과 다시 어려운 전쟁을 치러야 하는 헤브론 땅을 오직 하나님의 약속에 의지하여 요구하는 것이었습니다.

"이제 보소서 여호와께서 이 말씀을 모세에게 이르신 때로부터 이스라엘이 광야에 행한 이 사십오 년 동안을 여호와께서 말씀하신 대로 나를 생존케 하셨나이다 오늘날 내가 팔십오 세로되 … 그날에 여호와께서 말씀하신 이 산지를 내게 주소서 당신도 그날에 들으셨거니와 그곳에는 아낙 사람이 있고 그 성읍들은 크고 견고할지라도 여호와께서 혹시 나와 함께하시면 내가 필경 여호와의 말씀하신 대로 그들을 쫓아내리이다"(수 14:10-12)

처음 정탐꾼으로 뽑혀 축복의 땅을 자신의 발로 밟고 커다란 포도송이와 무화과, 석류 등 하나님께서 허락하신 기업을 바라보았던 그의 마음은 남달랐을 것입니다. 또한 가데스 바네아에서 열 정탐꾼의 부정적인 보고에 의분을 누를 수 없었던 그였습니다. "어찌하여 하나님을 거역하려 하는가! 하나님이 우리와 함께하시지 아니한가!" 하고 옷을

  | 젖과 꿀이 흐르는 땅

찢으며 외쳐보았지만 그의 소리는 원망으로 울부짖는 백성의 소리에 묻혀질 뿐이었지요.

불순종한 이스라엘 백성들로 인하여 오랜 시간 동안 많은 어려움을 함께해야 했지만, 그의 가슴 속에는 자신이 발로 밟으며 탐지하였던 젖과 꿀이 흐르는 땅이 각인되어 있었을 것입니다. 긴 풍상을 겪으며 어느덧 노장이 된 갈렙은 40년을 한결같이 하나님의 언약의 말씀을 마음에 품어 왔습니다. 그러기에 지형이 가장 험하여 아무도 선뜻 나서지 않으려는 헤브론 땅을 자신이 담당함으로 여호수아의 마음의 짐을 덜어 주고 싶었습니다.

이때 여호수아의 마음이 어떠했을까요? 출애굽 이후로 오랜 세월 연단을 함께 겪어 온 동지이자, 믿음의 벗으로서 희로애락을 같이 한 갈렙은 이스라엘의 어른인 만큼 그만한 예우를 해 주는 것이 마땅합니다. 그러니 젊은 장수들도 선뜻 나서지 않는 험악한 산지로 가겠다는 갈렙의 요청을 들을 때 여호수아로서는 망설여질 수도 있었겠지요.

한편으로는 하나님의 말씀을 보장하며 자신의 기업을 취하려는 갈렙의 모습에 감동이 되었을 것입니다. 누구보다도 갈렙의 마음을 잘 알았던 여호수아는 그를 축복하며 하나님의 약속대로 헤브론 땅을 기업으로 주었습니다.

갈렙은 과연 믿음으로 강대한 아낙 자손을 물리쳤으며 그 비옥한 땅을 취함으로 대대로 이어질 기업으로 삼아 이스라엘 백성들 앞에 믿음의 본을 보입니다. 이와 같이 갈렙을 필두로 하여 본격적인 이스라엘의 토지 분배가 시작되었습니다.

11

네 것이 되리라

| 가나안 땅의 분배 |

여호수아가 그들에게 이르되
…
비록 삼림이라도 네가 개척하라 그 끝까지 네 것이 되리라
(수 17:15-18)

이스라엘 백성들에게 기업 분배는 커다란 의미가 있었습니다. 400년간 애굽에서 서러운 노예생활을 겪었고, 거친 광야에서 40년을 방황하다가 마침내 7년이라는 긴 시간 힘든 전투를 치른 소산을 얻게 되는 순간이기 때문입니다. 이제는 사랑하는 가족들과 일족이 함께 모여 평안하게 살 수 있는 터전을 얻게 되는 것입니다.

기업 분배할 때 몇 가지 예외적인 경우

이스라엘의 각 지파는 하나님 앞에 나아와 요단 서편의 땅을 자신들의 기업으로 분배받았는데 몇 가지 예외가 있었습니다.

먼저, 르우벤과 갓 지파 그리고 므낫세 지파 중 절반은 이미 요단 강을 건너기 전에 기업을 받았습니다. 모세 당시에 정복했던 요단 동편의 땅들이 자신들의 많은 가축을 기르기에 적합한 것을 보고 모세에게 요청하여 그 땅을 자신들의 기업으로 삼았던 것입니다.

물론 이스라엘이 요단 서편의 가나안 땅을 정복할 때까지 이들도 전쟁에 함께 동참할 것을 약속하였지요. 오히려 정복 전쟁에 앞장서서 싸움으로 모든 지파에게 기업이 돌아갈 때까지 자신들의 집으로 돌아가지 않겠다고 맹세했습니다.

과연 이들은 가족과 가축, 재물은 다 요단 동편에 남겨 둔 채 전쟁을 수행할 수 있는 장정들만 요단을 건너와 가나안 정복 전쟁이 끝날 때까지 누구보다 앞장서서 용감히 싸웠습니다. 이제 전쟁이 끝났으니 요단 동편에 있는 기업으로 돌아가면 되는 것입니다.

그리고 열두 지파 중 하나님의 제사장으로 봉사하는 레위 지파는 예외적으로 토지를 기업으로 받지 않았습니다. 반면 요셉 지파는 하나님의 축복을 받아 다른 지파보다 번성하였기 때문에 요셉의 두 아들 에브라임과 므낫세의 후손이 각각 자기 몫을 받았습니다.

결론적으로 요단 동편을 기업으로 얻은 두 지파 반과 레위 지파를 제외한 아홉 지파 반이 요단 서편의 가나안 땅을 분배받게 되었습니다. 기업을 분배하는 방법에 대해서는 이미 하나님께서 모세에게 명하신 원칙이 있었습니다.

"수가 많은 자에게는 기업을 많이 줄 것이요 수가 적은 자에게는 기업을 적게 줄 것이니 그들의 계수함을 입은 수대로 각기 기업을 주되 오직 그 땅을 제비 뽑아 나누어 그들의 조상 지파의 이름을 따라 얻게 할지니라"(민 26:54-55)

토지 분배는 인구 비례에 따라 하되 어떤 토지를 기업으로 얻게 될 것인가는 하나님께서 제비를 뽑게 하신 것입니다. 이는 각 지파 간에 발생할 수 있는 분쟁을 방지할 수 있는 가장 공정한 방법이었습니다. 순서에 상관없이 좋은 것을 취할 수 있는 확률이 동일하기 때문입니다.

또한 이스라엘 자손들에게는 제비 뽑기의 결과가 결코 우연이 아니라 하나님께서 주관하신다는 믿음이 있었습니다(잠 16:33). 전에 아간의 범죄를 밝혀내는 과정에서도 200만 명이 넘는 이스라엘 백성 가운데 하나님께서는 제비 뽑기라는 방법을 통해 정확히 범죄한 아간을 뽑아 내셨던 것입니다.

요셉 지파의 불평과 믿음 없는 고백

그런데 제비를 뽑아 기업을 분배하는 도중에 한 가지 문제가 생겼습니다. 요셉 자손들이 원래 한 지파이면서도 하나님께 축복받아 두 지파를 이룬 만큼 다른 지파보다 더 많은 기업을 받아야 된다고 주장했

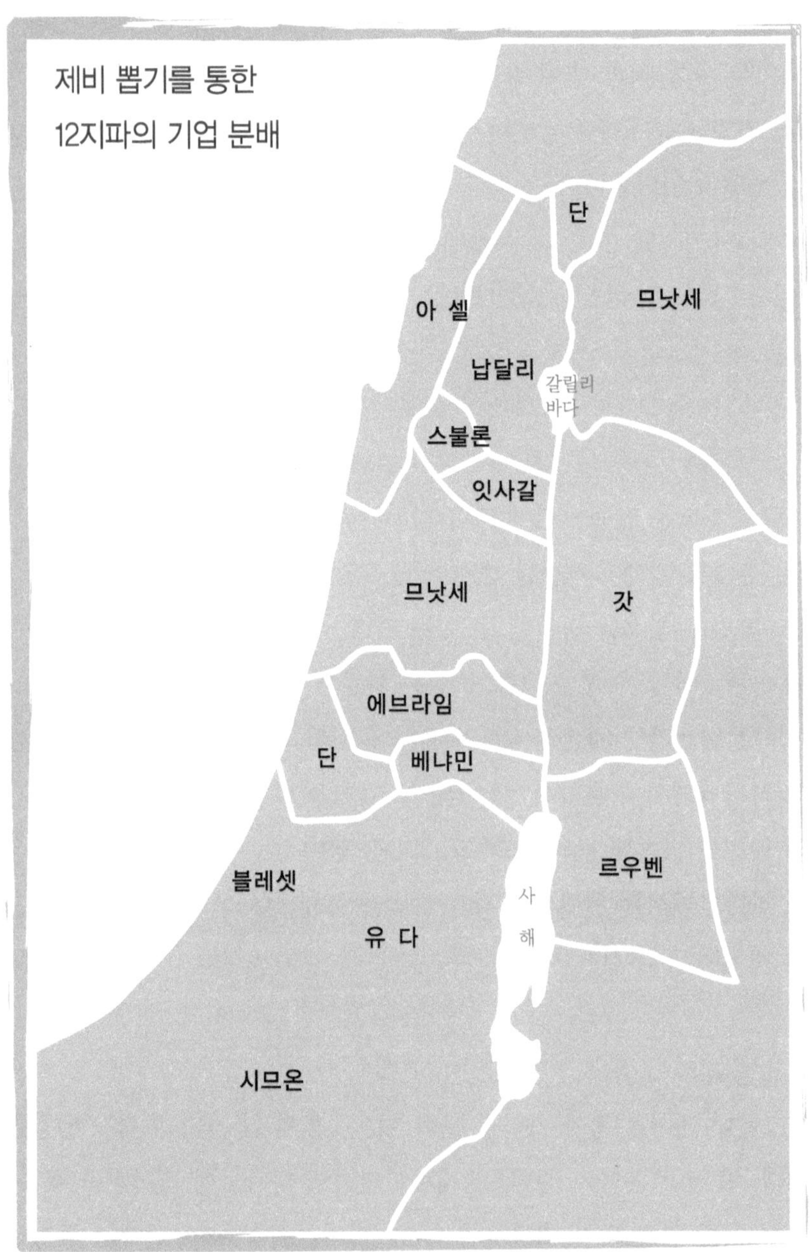
단
아 셀
므낫세
납달리
갈릴리
바다
스불론
잇사갈
므낫세
갓
에브라임
단
베냐민
블레셋
르우벤
유 다
사
해
시므온

던 것입니다.

사실 그들에게 주어진 기업은 다른 지파에 비교하여 결코 적은 것이 아닙니다. 오히려 중앙 지역의 기름지고 좋은 토지가 넓은 영역에 걸쳐 있었습니다. 그런데도 자신들은 그보다 더 많은 것을 받아야 하는 큰 민족이라고 불평하고 있는 것이지요.

여호수아는 그들에게 "네가 큰 민족이 되므로 에브라임 산지가 네게 너무 좁을진대 브리스 사람과 르바임 사람의 땅 삼림에 올라가서 스스로 개척하라"고 합니다. 주어진 영역 내에서 경작할 땅이 부족하다면 삼림을 개척하여 영역을 넓히라는 것입니다.

그러나 이번에도 요셉 자손은 순종하지 못했습니다. 여호수아가 말하는 산지를 점령한다 해도 여전히 좁으니 더 넓고 좋은 땅을 달라고 요구하는 것입니다. 그들의 요구는 수고하지 않고 더 좋은 것을 취하려는 마음과 자신들이 큰 족속이라 해서 섬김받기 원하는 높아진 마음에서 나온 것이었습니다.

정녕 하나님의 축복을 받아 큰 민족이 되었다면 오히려 다른 지파들을 섬김으로 갈렙과 같이 앞장서서 어려운 지역을 자청하여 정복해 들어가야 합니다. 그런데도 이들은 가만히 앉아서 더 많은 기업을 얻으려고 불평만 하는 것입니다.

"그 산지는 우리에게 넉넉지도 못하고 골짜기 땅에 거하는 가나안 사람에게는 벧 스안과 그 향리에 거하는 자든지 이스르엘 골짜기에 거하는 자든지 다 철 병거가 있나이다"(수 17:16)

더구나 자신들이 점령할 땅의 거민들에게는 철병거라는 무서운 무기가 있다는 믿음 없는 말까지 서슴없이 하고 있습니다. 자신들의 조상이 왜 광야에서 40년 동안 연단받아야 했는지 어느새 잊은 것입니다.

그동안 여호수아와 함께했던 정복 전쟁은 처음부터 끝까지 자신들의 힘으로는 상대도 안 되는 큰 적군을 하나님의 능력으로 물리치는 기적의 연속이었습니다. 상대에게 철병거가 아니라 어떤 무기가 있다 해도 불가능을 가능케 하시는 하나님을 참으로 믿는다면 전혀 두려워할 까닭이 없는 것입니다.

지금까지 어떤 위험한 상황에서도 불평 없이 순종했는데, 이제 스스로 싸워서 취하라 하니 갑자기 믿음 없는 고백이 나오고 있습니다.

이때 여호수아는 요셉 족속의 잘못된 생각을 깨우쳐 주며 끝까지 그들의 믿음을 요구합니다. 믿음의 행함을 내보이며 나갈 때 정녕 하나님의 축복을 받아 마음껏 지경을 넓혀갈 수 있음을 당부하지요.

그런데 요셉 지파는 여호수아의 말에 결국 순종하지 못하고 자신들의 기업 안에 살던 가나안 족속들을 완전히 몰아내지 못하고 맙니다 (수 16:10, 17:12-13). 그 결과 끊임없이 어려움을 겪어야 했습니다. 이스라엘이 조금만 약해져서 틈을 보이면 이방 족속들은 이스라엘을 공격하여 괴롭게 했던 것입니다.

더욱 심각한 문제는 이스라엘이 하나님께서 금하신 악한 이방 풍속을 접하게 됨으로 범죄하여 하나님의 진노를 사게 되었다는 사실입니다. 처음부터 확실한 믿음 가운데 온전히 하나님의 명령에 순종해야 했는데 그러지 못한 결과 두고두고 어려움을 초래한 것입니다.

여호수아와 함께하신 권능의 하나님은 여호수아 한 사람만이 아니라 이스라엘 전체의 하나님이 되십니다. 그들이 믿음만 내보이면 여호수아를 통해 나타내셨던 모든 역사들을 동일하게 나타내 주실 수 있는 것입니다. 하나님께서는 모든 백성이 여호수아와 같이 강하고 담대한 믿음을 갖기 원하셨지요.

여호수아와 레위 지파의 기업

레위 지파를 제외한 모든 지파들이 요단 동편과 요단 서편의 땅을 기업으로 분배받았지만 아직 여호수아에게는 기업이 주어지지 않았습니다. 하나님의 사랑을 받아 권능을 행하는 자요, 온 이스라엘의 지도자였지만 맨 나중에서야 기업을 얻게 되었습니다.

게다가 그가 얻은 기업인 에브라임 산지 '딤낫 세라'는 산기슭에 가까운 곳이었습니다. 그 땅은 성읍을 다시 중건해야 할 정도로 황폐한 상황이었지요(수 19:49-50).

강하고 담대한 믿음의 장수일 뿐 아니라 섬김받을 만한 위치에 있으면서도 오히려 섬기고 양보하는 마음이었던 것입니다. 이러한 여호수아였기에 하나님 앞에 인정받고 모세를 대신하여 이스라엘의 지도자가 될 수 있었다는 사실입니다.

모든 지파들이 토지를 분배받은 후에 마지막으로 레위 지파가 여호수아 앞에 나와 자신들의 몫을 받게 되었습니다. 이때 레위 지파는 다른 지파와는 달리 토지를 기업으로 받은 것이 아닙니다.

민수기 18장 20절을 보면 하나님께서 제사장 아론에게 "너는 이스라엘 자손의 땅의 기업도 없겠고 그들 중에 아무 분깃도 없을 것이나 나는 이스라엘 자손 중에 네 분깃이요 네 기업이니라" 하셨는데, 이 말씀대로 레위 지파는 하나님께서 분깃과 기업이 되어 주셨던 것입니다.

레위 지파에게는 모든 이스라엘을 대신하여 하나님께 제사를 드리고 하나님의 성막을 지키는 사명이 있었습니다. 또한 하나님의 율법을 백성들에게 가르치는 귀중한 사명을 맡았지요(신 33:10).

하나님께서는 이렇게 귀한 사명을 맡은 레위 지파가 세상 일에 마음을 어지럽히지 않고 온전히 하나님의 일에 전무할 수 있도록 친히 기업이 되신 것입니다. 곧 기업이나 토지의 소산물 대신 백성들이 하나님께 드린 십일조와 각종 예물을 통해 생계를 유지하게 하신 것이지요.

레위 지파란 바로 기름부음 받은 주의 종들과 하나님의 성전에서 봉사하는 일꾼들을 말합니다. 오늘날에도 하나님 앞에 세워진 일꾼들도 그렇지만 특히 하나님의 기름부음 받은 주의 종은 자신이 원한다고 해서 주의 종이 되었다가 싫으면 그만두는 등 마음대로 할 수 있는 것이 결코 아닙니다.

또한 주의 종의 길을 가는 사람이라면 온전히 하나님께 자신의 모든 삶을 드려야 하므로 세상 일에 마음을 두고 욕심 가운데 직장을 갖거나 사업을 해서는 안 됩니다. 온전히 하나님만 기업으로 삼아 하나님의 일에 전무해야 하며, 그렇게 할 수 있도록 교회가 주의 종과 일꾼들을 공궤하는 것이지요.

비록 토지를 기업으로 받은 것은 아니지만 레위 지파도 그들이 거주할 성읍과 가축을 먹일 들판은 분배를 받았습니다. 이렇게 각 지파의 기업 가운데 있는 몇몇 성읍을 따로 구별하여 받은 레위 지파는 온 이스라엘 가운데 흩어져 살게 됩니다.

그 결과 이스라엘 땅 어느 곳에서나 가까운 곳에 레위 지파의 성읍이 위치하게 되었지요. 이는 각 지파들이 가까이에서 레위 지파들로부터 하나님의 말씀에 대해 듣고 배울 수 있다는 뜻입니다. 하나님께서는 이스라엘 백성들로 하여금 항상 하나님의 계명을 가까이하며 살 수 있게 해 주신 것입니다.

오직 나와 내 집은 **여호와를** 섬기겠노라

12

그날에 여호수아가 세겜에서
...
큰 돌을 취하여 거기 여호와의 성소 곁에 있는 상수리나무 아래 세우고
모든 백성에게 이르되 보라 이 돌이 우리에게 증거가 되리니
(수 24:25-27)

7년간의 전쟁을 통해 여호수아가 가나안 땅의 모든 왕들을 굴복시켰고 많은 성읍들을 진멸했지만 가나안 거민을 모두 쫓아낸 것은 아닙니다. 아직 곳곳에 가나안 거민들이 남아 있었고, 그중에는 철병거를 갖추고 이스라엘에 대항하려는 세력들도 있었지요.

물론 하나님의 능력으로는 단번에 쫓아낼 수도 있지만, 하나님께서는 이스라엘 민족의 믿음의 성장과 전폭적인 신뢰 속에 순차적으로 이루어질 수 있도록 인도해 가십니다. 더욱이 가나안에 정착한 이스라엘이 번성하여 가나안 땅을 가득 채우기 전에는 그들을 몰아낸다 해도 땅을 계속 지키기가 어렵습니다.

비어 있는 땅을 차지하기 위한 이방인의 공격이나, 사람이 거주하지 않으므로 땅이 황폐화되어 들짐승들이 번성할 수도 있기 때문입니다. 그러므로 하나님께서는 이스라엘의 세력이 커지고 가나안 땅을 차지할 힘이 생기는 만큼 서서히 가나안 족속을 몰아내시겠다고 말씀하셨습니다.

> "그 땅이 황무하게 되어 들짐승이 번성하여 너희를 해할까 하여 일 년 안에는 그들을 네 앞에서 쫓아내지 아니하고 네가 번성하여 그 땅을 기업으로 얻을 때까지 내가 그들을 네 앞에서 조금씩 쫓아내리라"(출 23:29-30)

이 일을 다 이루기까지 아무리 오랜 시일이 걸린다 해도 이스라엘 각 지파는 자신들이 분배받은 기업에 남아 있는 가나안 거민들과 싸워 그들을 다 쫓아내야 합니다.

하나님께서는 각 지파들에게 기업을 주시며 취하라 하셨고, 가나안 거민들이 아무리 강하다 할지라도 남김없이 다 몰아내신다고 약속하셨습니다. 다만 이스라엘이 하나님의 약속을 믿고 얼마나 신실하게 지켜 행하는가에 따라 결과가 달라지는 것이지요.

지도자 여호수아의 유언

가나안 땅을 분배받은 각 지파들은 자신들의 믿음과 능력대로 기업을 침노하기 시작했습니다. 여호수아로부터 배운 경험을 바탕으로 하여 하나님께 여쭈어 보기도 하고, 나름대로의 전술을 세워 열심히 가나안 땅을 점령해 들어갔습니다.

그러는 동안 많은 세월이 흘렀고 여호수아는 자신의 나이가 많아 떠날 때가 가까운 것을 알았습니다. 이에 이스라엘 백성들에게 다시 한 번 하나님의 약속을 상기시키며 믿음을 다짐할 필요성을 느끼게 됩니다. 모세가 하나님께로 돌아가기 전에 그랬던 것처럼 이스라엘의 장로들과 두령들, 재판장들과 유사들을 불러 마지막으로 당부의 말을 남깁니다.

여호수아 23장 1절 이하에 유언의 내용이 자세히 기록되어 있는데, 간단히 요약하면 하나님의 계명을 지켜 준행하며 여호와 하나님을 가까이하고 사랑하기를 변함없이 하라는 것입니다.

"너희는 크게 힘써 모세의 율법 책에 기록된 것을 다 지켜 행하라 … 오직 너희 하나님 여호와를 친근히 하기를 오늘날까지 행한 것같이 하라"(수 23:6-8)

지금까지 하나님께서는 여호수아와 함께하여 이스라엘 가운데 놀라운 승리를 주셨습니다. 앞으로도 이스라엘이 하나님을 사랑하고 가까이하며 계명을 지키면 어떤 강한 적이라도 물리치게 하시며 모든 가나안 땅을 이스라엘에게 주시리라 약속하셨습니다.

"너희 중 한 사람이 천 명을 쫓으리니 이는 너희 하나님 여호와 그가 너희에게 말씀하신 것같이 너희를 위하여 싸우심이라 그러므로 스스로 조심하여 너희 하나님 여호와를 사랑하라"(수 23:10-11)

반면에 믿음이 퇴보하고 하나님의 약속을 잊어버려 이방인들을 가까이하고 우상을 섬기면 어떻게 될 것도 다시 한 번 알려 줍니다.

세겜에서 가진 결단의 시간

이윽고 여호수아는 전에 축복과 저주의 말씀을 선포하였던 에발 산과 그리심 산 사이에 위치한 세겜에 백성들을 모으고 장엄한 결단의 시간을 가졌습니다.

먼저 그들의 하나님 여호와께서는 아브라함 때부터 주신 약속을 이루신 신실하신 분이요, 강대한 애굽과 가나안 일곱 족속을 물리치신 권능의 하나님이심을 상기시켰습니다.

만일 여호와를 섬기는 것이 좋지 않게 보이거든 어떤 신을 섬길 것인지 스스로 선택하라고 하였습니다. 그러므로 이제는 여호와를 경외하며 성실과 진정으로 섬길 것을 강조하고 여호와만 섬기라고 부탁합니다(수 24:2-14).

여호수아는 이스라엘 백성들에게 정녕 하나님을 믿음으로 모든 우상을 버리고 신실하게 하나님의 계명을 지키리라는 결단을 요구한 것입니다.

누구보다 앞장서서 '오직 나와 내 집은 여호와를 섬기겠다.'는 여호수아의 확고한 선언 앞에 이스라엘 백성들 역시 망설이지 않았습니다. "우리 하나님 여호와를 우리가 섬기고 그 목소리를 우리가 청종하리이다." 하며 거듭 맹세하였던 것입니다.

여호수아는 거듭 언약을 확인한 후에 그들이 하나님을 섬기기 위해 지켜야 할 계명들을 다시 한 번 가르칩니다. 그리고는 큰 돌을 취하여 증거를 세우고 각자 자신의 기업으로 돌아가게 하였습니다. 이 일 후에 여호수아는 일백십 세의 나이로 뜨거운 열정과 믿음의 삶을 조용히 마감했습니다.

젖과 꿀이 흐르는 가나안 정복사

지금까지 이스라엘 백성이 약속의 땅 가나안에 들어가는 과정을 살펴보았습니다. 하나님께서 한 사람을 통해 큰 민족을 이루시는 과정 하나하나를 살펴보면 놀라우리만큼 섬세하고도 정확합니다. 젖과 꿀이 흐르는 가나안 땅을 향한 정복사는 출애굽기를 시작으로 레위기, 민수기, 신명기, 여호수아서에 이르기까지 상세히 기록되어 있습니다. 지도자 모세의 탄생과 출애굽 여정의 서막이 출애굽기를 통해 자세히 기록되어 있으며, 하나님의 자녀들이 무엇보다도 거룩하고 성결하기를 원하시는 하나님의 마음이 레위기에 담겨져 있습니다.

또한 불순종과 거역으로 얼룩진 광야 생활 속에서도 끝까지 참고 인내하시는 하나님의 마음이 민수기에, 모압 평지에서 세 차례에 걸쳐 하나님의 말씀을 당부한 모세의 설교가 신명기에 담겨 있지요. 마지막으로 모세의 후계자 여호수아를 중심으로 출애굽 2세대들의 가나안 정복사를 기록한 것이 여호수아서입니다.

가나안 정복사를 한 마디로 축약하면 믿음과 순종 그리고 헌신의 역사입니다. 곧 하나님께서 축복하시고 예비하신 가나안 땅은 오직 믿음으로 바라보고 믿음을 고백하며 행군할 때 얻어질 수 있었습니다.

하나님께 온전히 순종하였던 여호수아와 갈렙이 약속의 말씀을 믿고 생명 다한 충성으로 나왔던 것과 같이 헌신은 곧 믿음과 순종의 발로입니다. 그 과정에서 하나님께서는 이스라엘 백성들이 '거룩하고 성결'하기를 원하셨습니다. 가나안 땅을 향한 여정 가운데 성결 운동은 반복적으로 나타납니다.

처음 모세를 부르실 때에 '네 발에서 신을 벗으라' 하심으로 죄와 악의 모습을 버릴 것을 상징적으로 깨우쳐 주셨으며, 모세를 통해 율법을 주실 때도 백성들로 하여금 성결케 하셨습니다.

또한 백성들은 약속의 땅 가나안의 길목에 있던 요단 강을 건너기 전에도 스스로 성결케 하였으며, 여리고 전투를 목전에 두고도 할례를 하였습니다. 이는 성결한 자녀를 얻기 원하시는 하나님의 뜻인 동시에 성결될 때 하나님과 온전히 동행할 수 있기 때문입니다.

"하늘에 계신 너희 아버지의 온전하심과 같이 너희도 온전하라"(마 5:48)

"오직 너희를 부르신 거룩한 자처럼 너희도 모든 행실에 거룩한 자가 되라 기록하였으되 내가 거룩하니 너희도 거룩할지어다" (벧전 1:15-16)

가나안 정복사는 신앙 여정의 모형도

그러면 성경 66권 중 무려 5권에 달하는 방대한 분량에 걸쳐 이스라엘 민족의 가나안 정복사를 기록한 이유는 무엇일까요? 바로 가나안 정복사는 우리의 신앙 여정을 보여 주는 모형도이기 때문입니다.

처음 출애굽한 이스라엘 백성들을 위해 하나님께서는 강권적으로 홍해를 가르시고 반석에서 물이 나게 하셨지만, 이후 이스라엘 백성들의 믿음이 자라감에 따라 그들의 믿음을 요구하십니다. 곧 요단을 마른 땅으로 건널 때에는 제사장들로 하여금 언약궤를 메고 강에 발을 디디라 하셨습니다.

견고한 성 여리고를 정복할 때에도 엿새 동안은 하루에 한 바퀴씩 성을 돌되 일곱째 날에는 성을 일곱 바퀴 돈 후에 큰 소리로 외치라 하심으로 이스라엘 백성들의 믿음과 순종을 요구하셨지요. 이후 각 지파의 믿음대로 분배받은 기업을 차지하는 과정은 마치 신앙이 성숙해 갈수록 우리의 믿음의 분량대로 역사하시는 하나님의 뜻이 나타나 있습니다.

이 땅에서 우리의 삶은 나그네 삶이요 천국에 이르기까지는 끊임없이 어두움의 세상 주관자들과 하늘에 있는 악한 영들과 대항하여 싸워 가는 과정입니다. 축복을 얻었을지라도 그 축복을 견고케 하며, 한 가지 일을 이루었을지라도 다음의 목표를 이루어내야 하는 과정이 천국에 이를 때까지 계속되는 것이지요.

오늘날 우리에게도 성경을 통해 하나님께서는 많은 축복을 약속하실 뿐만 아니라 구원의 언약과 함께 우리를 위하여 처소를 예비하신 후에 다시 오시리라 약속해 주셨습니다. 따라서 누구든지 성경에 기록된 하나님의 말씀을 믿고 행하면 참으로 형통하고 축복된 길로 인도받을 뿐 아니라 아름다운 천국의 처소로 인도받을 수 있는 것입니다.

그러므로 우리는 여호수아와 갈렙처럼 설령 우리 앞에 어떤 장애물이 있다 해도 견고하며 흔들림이 없이 온전히 하나님을 믿는 정한 마음을 소유해야 하겠습니다.

한번 하나님께서 주신 약속을 변함없이 믿으며 담대한 믿음의 행함 가운데 온전한 열매를 얻을 때까지 나태해지거나 낙심하지 않고 날마다 천국을 침노할 수 있어야 하는 것입니다.

“우리가 시작할 때에 확실한 것을 끝까지 견고히 잡으면 그리스도와 함께 참예한 자가 되리라”(히 3:14) 말씀하신 대로 천국 새예루살렘을 목표로 삼았다면 때로 자신의 부족한 모습이 보이고 그 길에 어떤 어려움이 있을지라도 소망은 변함이 없어야 합니다.

그리하여 하나님께서 항상 젖과 꿀이 흐르는 축복으로 여러분의 삶 가운데 함께하시며, 마침내 아름다운 천국에서 영생복락을 누리시기를 존귀하신 주님의 이름으로 축원합니다.

 　|　젖과 꿀이 흐르는 땅

멈추지 않는다 신앙 간증 수기 Ⅱ

상상할 수 없는 시련 가운데 어떻게 믿음의 승리를 이루어 왔는가?
치열한 영적 싸움의 현장에서 놀라운 권능과
불같은 성령의 역사를 일으킨 원동력은 무엇인가?

젖과 꿀이 흐르는 땅 가나안 정복사

수천 년의 시간을 뛰어넘어 바라다본 이스라엘 역사를 통해
우리가 간과하기 쉬운 미세한 일들이
삶에 얼마나 큰 반향을 일으키는지
마음 깊이 깨닫게 하는 감동의 메시지!

깨어라! 이스라엘

마지막 때 숨겨진 하나님의 사랑과 비밀

간절히 메시아를 기다려 왔던 모든 유대인들에게
하나님의 사랑을 깨닫게 하며,
마지막 때를 살아가는 온 인류에게 전하는 경고의 메시지!

주님의 자취(상·하) 요한복음 강해

탄생부터 고난, 부활 승천에 이르기까지
예수님의 행적에 담긴 깊은 영적인 의미를 깨우쳐 줌으로
영적 성장은 물론, 응답과 축복의 길로 안내할 예수님의 일대기

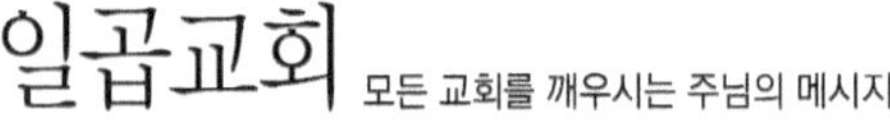

일곱교회 모든 교회를 깨우시는 주님의 메시지

사도 요한을 통한 교회의 참 모습을 찾으시는 주님의 간절한 외침,
일곱 별의 비밀은 무엇인가?
주님께서 진정 기뻐하시는 교회는 어떤 교회인가?

전화 02-837-7632, 070-8240-2072, 팩스 02-869-1537   우림북 urimbooks.com

전자책(e-book) 구입안내 : 한국어 및 외국어 번역 도서 – 인터넷 교보, 리디북스 등 전자책 서점, 아마존닷컴(amazon.com), Google Play, iBookstore

주요 번/역/서

신앙 간증 수기 I

죽음 앞에서 영생을 맛보며

16개 언어로 출간

사망의 음침한 늪에서 하루아침에 다시 태어난
이재록 목사의 생생한 간증 수기

십자가의 도 전 세계인의 필독서

57개 언어로 출간

전 세계 무수한 영혼을 영적인 잠에서 깨우고
참 생명을 얻게 해준 감동의 메시지!
하나님의 참사랑이 이곳에 담겨 있다.

천 국(상) 수정같이 맑고 아름다운 곳

15개 언어로 출간

하나님의 영광 가운데 영원히 행복과 영화를 누릴
황홀한 천국 생활에 대해 생생하게 묘사한 그림 같은 메시지

천 국(하) 하나님의 영광이 드리운 곳

14개 언어로 출간

황홀한 황금보석 집에서 천사들의 수종을 받으며
세세토록 왕 노릇 하는 새 예루살렘,
그곳에서의 일들이 궁금하지 않으십니까?

지 옥 이제까지 밝혀지지 않았던 지옥의 참상

20개 언어로 출간

한 영혼도 지옥에 떨어지지 않기를 원하시는 하나님께서
온 인류에게 보내는 간절한 사랑의 메시지

믿음의 분량 믿음의 단계별 지침서

18개 언어로 출간

각 사람의 믿음에 따라 천국에서는 어떤 처소와 상급을 받을까?
현재 자신의 믿음의 분량을 측정해 볼 수 있게 하며,
믿음의 선진들처럼 최고의 분량에 이르는 길을
구체적으로 제시하고 있다.

치료하는 여호와

18개 언어로 출간

질병에 걸리지 않고 건강하게 살아가는 길,
상한 마음과 질병으로 인한 육체적 고통까지 다 치료하시는
능력의 하나님을 만나도록 이끌어줄 것이다.

깨어라! 이스라엘 마지막 때 숨겨진 하나님의 사랑과 비밀

15개 언어로 출간

간절히 메시아를 기다려 온 모든 유대인에게
하나님의 사랑을 깨닫게 하며,
마지막 때를 살아가는 온 인류에게 전하는 경고의 메시지!

젖과 꿀이 흐르는 땅

초판 1쇄 발행 2007년 5월 20일
    2쇄 발행 2009년 3월 21일

지은이 이재록
발행인 빈성남
편집인 빈금선

발행처 우림북
편집부 02-851-3845, 070-8240-5611
팩　스 02-851-3854
영업부 02-837-7632, 070-8240-2072
팩　스 02-869-1537

등록번호 제1-904호
등록일자 1989년 4월 17일

ISBN 978-89-7557-107-7 03230

우림

우림은 구약 시대에 대제사장이 하나님의 뜻을 묻기 위해 사용하던 판결 흉패이며,
히브리어로 '빛'이라는 의미가 있습니다(출애굽기 28:30).
빛은, 곧 하나님 말씀이며 생명입니다.
우림북은 온 누리에 참 빛을 비추고자 오늘도 기도와 정성으로 문서선교 사역에 앞장서고 있습니다.